橋下 徹

政権変容論

講談社+α《プラスアルファ》新書

巻頭言　国民が求めているのは「交代」ではなく「変容」だ

政権「交代」の前になすべきこと

政権「変容」？　なんだそのワードは？　と思われるでしょう。それもそのはず、これは僕がつくった造語です。今の政治家や政治評論家、学者やメディアが政治を語る上で、これまでこんな言葉を使ったことはないでしょう。普通は政権「交代」というワードを使います。

「旧態依然とした政治を変えなくてはならない」と誰もが考えながら、それでいて実現できない。

それは政治家の力不足も原因なのでしょうが、政治を評論する者や国民も旧態依然とした思考を持ち続けていることも大きな原因の一つだと思います。

その思考とは、政治を変えるためには政権「交代」しかないという思考。

今の政権が嫌なら「交代」させようという思考。

野党政治家はこの政権「交代」を目標にし、加えて現政権に批判的なメディア、評論家や学者たちも口を開けば政権「交代」の必要性を説きます。

ここで語られる政権「交代」とは、現政権が政権を去ること。つまり現政権は政権交代後において政権を一切担わず、それまでの野党が政権を掌握することを意味します。

まさに「交代」です。


しかしこのような政権「交代」を、国民は本当に、心底求めているのでしょうか？漠然と政治が変わってほしいと思ってはいるものの、今の自由民主党に政権を完全に去ってもらって、今の野党に政権を担ってもらいたいとまで思っているのか。

ここが本書における、僕の問題意識の核心です。

2024年5月6日に公表されたJNNの世論調査によれば、自民党の政治とカネの問題に国民はほとほと嫌気がさしたのでしょう、ついに政権交代を望む声のほうが上回りました。（政権交代48％、政権維持34％）
ところが自民党支持率は23・4％であり、主要野党はと言えば、立憲民主党は10・2％とかろうじて二ケタですが、日本維新の会4・6％など軒並み一ケタ台です。野党すべての支持率を合わせても自民党のそれに届かないのです。

今の自民党政権には嫌気がさしているけれども、だからと言って野党に政権を託すまでは考えていない。

これが国民の感覚の核心ではないでしょうか。すなわち現政権がそのまま維持されることは嫌だが、交代までは求めていない。

このことを僕は、政権「変容」と名付けました。

自公政権は「変容」すべきだが、交代までは求めない。では、どのような「変容」を国民は望んでいるのか。それをこれから、本書で論じていきます。

政権変容のすべての始まりは、「自公過半数割れ」が起きることです。

そのとき、自公に野党のいくつかが加わって、新しい連立政権となるのか。

それとも野党は政権外にいながら、政策ごとに過半数勢力に加わるのか。

いずれにせよ、自公政権が「過半数を割った」段階で、政権「変容」が可能になります。

これまでの政治評論は、自公が過半数割れをすれば「政権交代！」というものでした。すなわち野党がまとまって連立政権を組んで首相を選出し、自公を政権から追い出すというもの。

でも今の野党は基本的な考えがバラバラです。そんな野党が連立政権を組んでもすぐに崩壊しますし、そもそも今の野党に政権を担当するだけの能力があるのかはなはだ疑問です。政権を担うにはそれだけの経験が必要ですが、正直、野党国会議員でその経験がある者はごく少数です。

であれば、自公が過半数割れしたとしても、自公に政権に残ってもらい、政策ごとに野党が過半数勢力に加わる。首相は自民党国会議員から選出してもいい。

これが政権「変容」です。

2009年民主党政権の苦い記憶

誤解しないでほしいですが、僕も本来は、政権交代可能な二大政党制が日本に根付くのが理想だと考えています。政権交代の緊張感を国会議員に持たせることが、日本の政治がシャキッとする一番の柱だと思っています。

しかし今の野党の状況を見れば、いきなり政権交代が実現するとは思えません。

政治の世界では、理想の夢物語を語るだけではいつまでたっても政策実行はできない。夢物語を語るだけでいいのは学者やコメンテーター、言論人までです。

政治家は実行しなければならない。

そのためには理想のゴールに向かって、まずは中間ポイントに到達すること。その中間ポイントに到達する力が備わって初めて、ゴールを目指すことができるのです。

政権交代が理想のゴールであれば、その中間ポイントがまさに政権変容です。

これまでの政治の世界、政治評論の世界においては、自民党と社会党という与野党に分かれたいわゆる55年体制の政治を引きずり、与党が過半数割れをすれば即政権交代！　を所与の前提としていました。

しかし国民はいきなりの政権交代に不安を抱いています。2009年の民主党への政権交代の苦い記憶がまだ染みついています。そして今の野党の状況にも不安がある。

このような状況で野党がいくら政権交代を叫んでも、たとえ国民が自民党に嫌気がさしていたとしても、国民は政権交代にまで踏み込めず、結局、自公過半数が維持される判断を繰り返してきたのだと思います。そうなることで結局、自公政権が何も変化なく続いていく。

このような連鎖を断ち切るためには「政権変容」というワンステップを踏まなければならないのです。

自公が政権から完全に去るわけではないが、過半数割れをし、政策ごとに野党が参加することで過半数を形成していく。

こうなると、過半数割れとなった自公は、野党の言うことに形だけ耳を傾けるというわけにはいきません。

過半数を成立させるためには、野党のどこかと必ず合意を得なければならなくなります。その際、必ず野党の言い分を実質的に聞き入れなければならなくなる。

他方、野党側も一つにまとまって過半数勢力をつくるわけではないので、過半数割れした自公に対してなんでも反対というわけにはいかないでしょう。

特に日本維新の会、国民民主党などは、過半数割れした自公と過半数を成立させるための建設的な協議を行うでしょう。

この協議が国会で行われれば、国会が活性化することは間違いありません。

55年体制の、与党の提案に対して野党が必ず抵抗・反対するという構図。

この茶番劇に国民は辟易《へきえき》としています。

ときにはそのような抵抗・反対が必要だとしても、やはり今の日本社会の、いや国際社会の課題を解決するための政策をいかに実行するかについて、建設的な議論を聞きたいのが国民の思いでしょう。

野党はただ反対するよりも、どう政策を実現するかにエネルギーを割《さ》いてほしい。ただし自公が過半数を得ていると、慢心して野党の言い分に真剣に耳を傾けません。自公の考えを押し通すために、野党の言い分を聞いたふりだけしてその場をしのぐのです。

そこで野党はいつも微々たる修正案だけを自公に飲ませて大きな成果があったと喧伝しますが、国民は野党の修正案など気にも留めていません。

国民民主党も必死になってガソリン税のトリガー条項凍結解除の協議を自公に迫りましたが、自公はのらりくらりと逃げます。維新は旧文通費の領収書公開を自公に迫りますが、これまた自公はのらりくらりと逃げ続けます。

しかし自公が過半数割れになったらどうでしょうか？　自公は野党の言い分を飲まなければ政策を実現することができなくなります。

この自公が野党の言い分を飲むところで、これまでの自公政権に「変容」が起きるというのが政権変容の要諦です。

野党第一党がどこかなど、国民はまったく関心がない

政権変容が起きると、野党の言い分のいくつかが政策として実行されていきます。そして野党議員の中に政策を実行するための知恵と経験が積み重ねられていき、気づいたときには野党に政権担当能力が備わっている。そこでいよいよ政権交代のステージになるのです。

ところが今の野党にそうした大局観はなく、それどころか野党各党は自党の勢力を拡大することに精を出しています。

特に野党第二党である日本維新の会は野党第一党になることに心血を注いでいます。

しかし実は、野党第一党がどこかなどに、国民はまったく関心がありません。

自公が過半数を維持したのであれば、野党第一党がどこの党になろうが政治に大きな変化は起きないのですから。ここを国民はよくわかっています。

野党の中の第一党争いなど、コップの中の争いにすぎません。永田町での立場が少し強くなったり、政党交付金が増額されたりすることを主目的とした保身そのものです。

国民が強く求めていることは政権「変容」。

そのためには、是が非でも自公過半数割れに持ち込まなければならない。野党第一党を目指すことなど国民にまったく響かないし、それを達成したところで国民の利益にもならない。

とにかく自公過半数割れ。しかも政権交代ではなく政権変容を、野党は大きく目標に掲げるべきです。そしてこの政権変容の意味と必要性が国民に伝われば、それを実現しようとする大きな風が吹くことでしょう。

本書では、次の選挙で目指すべき「政権変容」への道をわかりやすく大胆に解説します。政治に詳しくない読者にも届けるため、第五章までで、55年体制と自民党政治の本質、なぜ日本では政権交代が起きないのか、冷静にロジカルに分析しています。時間がなくて「結論を早く知りたい！」という方は、第六章から先に読んでいただいても構いません。

政権変容論＊目次

巻頭言 国民が求めているのは「交代」ではなく「変容」だ——3
政権「交代」の前になすべきこと 3
2009年民主党政権の苦い記憶 6
野党第一党がどこかなど、国民はまったく関心がない 10
第一章 自民一強時代の終焉——17
自民党による組織ぐるみの「脱税行為」 18
「自民一強」を選んできたのは国民 21
野党の力だけで起きた政権交代はない 25
政治家に「落ちるリスク」と「受かるリスク」を突き付けよう 28

第二章　「政治とカネ」問題の本質――33
政治家の金銭感覚は庶民からかけ離れている　34
僕がカネを受け取らなかった理由　38
政治家になるともらえる第二～第四の財布　42
カネの流れをすべてデジタル化せよ　46

第三章　「55年体制」の総括――53
今は「中選挙区制」よりはマシ　54
これからのキーワードは「組織化」　60
小選挙区と比例代表の配分が、これ以上ないほどマズい　64
日本社会党という奇妙な政党　67

第四章　過去の政権交代から学ぶこと――71
1994年の「乱世型政権交代」　72
国民は「新しい国のカタチ」までは求めていない　75

野党は「反対！」するより自らの襟を正せ　82
政策については「是々非々」で良い　85
そもそも自民党は「保守」なのか？　88
野党は真の「価値観の多様性」を受け入れろ　95

第五章　僕が生んだ「維新の会」が果たすべき役割――103
大阪で「政権交代」を実現した維新の会　104
異形の野党「維新」はなぜ生まれたのか　111
熱量は伝播する　114
55年体制という「茶番劇」をぶっ壊す　120

第六章　次の総選挙を「政権変容選挙」にするための超具体的提言――125
無党派層を動かすには何が必要か　126
政策ではなく「政策決定のメカニズム」を変える　133

野党の「保身」が有権者にバレている　140
投票率を高める唯一の方法　146

第七章　だから「野党間予備選挙」が必要だ――151

本選挙の前に「潰し合い」を済ませておく　152
勝者は「野党代表」ではない　156
若者にとっては与党も野党も同じように古い　160
首相がずっと国会に張り付いているのは野党のせい　166
国会議員の生産性は信じられないくらい低い　171
2024年衆議院補選を事実上の予備選挙と捉えよ　173
予備選実施は補選で敗北した維新のスピリッツ次第　179
政権交代ではなく政権変容の風が吹いている　181
政権変容の風のときには与野党一騎打ちの構図がマスト　184
維新が東京15区で候補者を取り下げれば地殻変動が始まる　186
維新国会議員に突き付けられているもの　190

野党がバチバチにケンカすればマスコミも注目する　192

第八章　「政権変容」にふさわしいリーダーは誰か――197

「政治とカネ」にやましくないリーダーを探せ　198
魅力的な「総理候補」を立てる　203
大胆提案！　野党こそ石破さんを口説け　207
野党が総理大臣を選ぶ「ウルトラC」　210
改革は100%でなくても、一歩でも二歩でも前進すればいい　218

終章　橋下徹「政界復帰」の可能性――221

「橋下総理」はありやなしや　222
「世の中を良くする」仕事を他人任せにしてはいけない　225

あとがき　229

※本書はジャーナリスト鮫島浩氏を聞き手とした対談形式で構成されています

第一章 自民一強時代の終焉

これまでも「終わった」と思ったら、
いつのまにか自民一強に戻っていた。
今度こそ、本当に終わらせることができるのか。

自民党による組織ぐるみの「脱税行為」

――いま日本の政治に大きな嵐が巻き起こっています。圧倒的な力を持ち、戦後、日本政界に君臨し続けてきた自由民主党が、内部からガラガラと崩壊しています。

橋下　令和版「政治とカネ」問題が爆発しました。タイミング的にも確定申告の時期と重なり、日ごろ政治に関心の薄い人たちですら、連日の報道から目が離せなかった。僕自身、確定申告に取り組みながら、腸《はらわた》が煮えくり返りましたよ。SNS上では「#確定申告ボイコット」がトレンド入りしました。

――改めておさらいをしますと、政治資金パーティー券のノルマを課された議員たちが、自らに与えられたノルマ以上を販売した場合、その差額分をキックバック（還元）として受け取っていた。しかもその金額は政治資金収支報告書に記載しなくていいし、領収書を出す必要もない、という悪質なやり方がまかりとおっていた。

当初から自民党のお歴々は「記載ミス」などと言って逃れようとしてきましたが、橋下さんは「ミスでは済まされない」と切り込んだ。

橋下　「裏金」とか「記載ミス」とか、政治にありがちなフレーズだけど、僕に言わせれば「脱税」ですよ。安倍派（清和政策研究会）は、過去5年間で6億円超、二階派（志師会）は約2億円、政治資金パーティーの収入を、派閥の政治資金収支報告書に収入として記載してきませんでした。その分は各議員の政治資金収支報告書にも記載されず、各議員に裏金として渡っていたんです。

政治資金規正法の収支報告書不記載・虚偽記載罪の公訴時効は5年で、その5年だけ見ればこの程度だけど、それ以前に遡《さかのぼ》れば、いったい総額いくらに上るのか……。とくに安倍派は20年以上前から、こうしたキックバックを続けてきている。

国家権力の中枢に君臨し続けた自民党による組織ぐるみの「脱税行為」です。開いた口がふさがりませんよ。

しかも結局、検察の捜査では、主要幹部らの刑事訴追はなされませんでした。だからこそ、「政治資金規正法はザル法」と言われるわけですが……。

しかしそれはあくまで政治資金規正法違反に限った話です。これを「納税」の観点で論ずれば、完全なる「脱税」。国民全員が義務付けられている申告と納税を、なぜ政治家だけが免れているのか。

自民党のお手盛り内部処分で終わらせず、とことん追及し続けるべきです。

――これまで「なんだかんだ言っても、結局は自民党しかない」と思ってきた人たちも、さすがに嫌悪感をあらわにして、政権の支持率もダダ下がりしました。

橋下　「自民党は信頼回復できない」とする意見は87％、という世論調査もあったほど。有権者たちから強烈な「自民ＮＯ！」が突き付けられている。

――こうした現状は、１９９３年の政権交代時を思い出しませんか。自民党の派閥トップクラスを含む90人以上が未公開株を受け取っていた「リクルート事件」が世間を騒がせ、その結果として「政権交代」が実現したのです。

あのときと同じ「政権交代」の突風が、日本の政界に吹くのではないか――。

橋下　たしかに、二度とないくらいの好機が野党に訪れている。ただ僕は、この突風を厳密に、冷静に分析する必要があると思っています。93年のときとは異なり、今の風は政権「交代」の突風ではなく、政権「変容」の突風ではないのか。野党各党が従来の考え方のままでいるなら、風を最大限に活用できないでしょう。今こそ、新しい戦略が必要なのです。

「自民一強」を選んできたのは国民

――政権「変容」という新しい概念については、これから本書を通してご説明いただくとして、橋下さんご自身が現政権にＮＧを突き付ける最も大きな理由はなんですか。基本的に自民党政権、わけても安倍政権に対しては肯定的だった印象があります。

橋下　これまでの日本の政治は、おしなべてよくやってきたと思いますよ。「失われた30年」と言われ、経済の停滞が続きましたが、それでも失業率が跳ね上がることもなく、治安が大きく乱れることもない。外交政策もまずまずです。もちろん改善すべき点は多々ありますが、基本的に自民党の政権運営に大きな異を唱えるつもりはありません。

ただし、ここまで長期にわたり一党支配が続くのは、やはり異常なんです。

１９５５年の自民党結党以来、自民党が野党に下野したのは、わずか2回。欧米先進諸国を眺めても、そんな国は他に類を見ない。どれほど与党が活躍しようと、またどれほど野党が不甲斐なくても、ある程度の期間で政権交代がなされる仕組みがないと、政治に緊張感がなくなります。政治に緊張感がなくなれば、結局、今回の政治とカネのような問題が起きるのです。

こうなれば国民の政治不信は止まらず、国民に負担を求めるないしはお願いをする政治がまったくできなくなって国家運営は行き詰まります。

「万年与党」と「万年野党」では与党の考える結論が不動のものとなり、国会中継を眺めても感じるように、国会が独善とヤジに二分して、生産性がまったくなくなってしまう。

——今は「政治とカネ」問題で与党が崩壊しかけていますが、本来、こうした問題がなくても、政権交代が行われていくべきだと。

橋下　そうです。そもそも権力にカネが集まるのは当然の現象です。

政治家には物事を決定して実行する権限があります。だからあらゆる業界団体が、政治家におカネを渡して物事を頼み、自らの願いを実現させようとする。その構造は有史以来、変わりません。

加えて政治家はその国のルールメーカーでもあります。法律を定め、それを改定する力を持っている。だとすれば政治家自らに有利な構造はそのままにし、自らの首を絞めるような立法や法改正は行わないのは当然でしょう。

だからこそ、浄化作用としての政権交代が必要なんです。

「朱に交われば赤くなる」ということわざもありますが、人は属する組織に染まっていくもの。若い頃はカネに厳しく、理想に燃えていても、先輩や仲間から「これは受け取っていいカネだ。領収書もいらないし、収支報告書に記載する必要もない。安心しろ」と言われていけば、そんなものかなと思うようになる。

国会議員ともなれば、周囲からの扱いも一変します。どこに行ってもチヤホヤされるし、高級な料亭やレストランで飲食する機会も一気に増える。贈答品をもらうようになれば、自分もお返しに高価なプレゼントを贈るようになるでしょう。そうこうするうちに国会議員になる前の金銭感覚は徐々に麻痺していきます。数十万円の飲食は普通になり、数百万円の使途不明金があっても、「自分たちはそれが許される立場だ」と錯覚していく。

国会議員くらいの収入の国民が100万円手元に残そうとすれば、200万円近く余分に汗水たらして働いて稼がなくてはなりません。半分近い額を税金や社会保険料として持っていかれますから。

国会議員ほどの収入のない人だって、さらには生活が苦しい人だって、頑張って納税しているんです。それでも日本で暴動や革命が起こらないのは、税金が国家運営に必要な原資だと、国民全員が理解しているからですよ。納税の義務は小学生でも学ぶことです。だから「税金高いな……」と思っても、みな我慢して納税している。

それが何ですか、国民に納税を強制する政治家たち自身が、その納税のルールを無視しているなんて。

もうひとつ、国民が納税義務に従うのは、ペナルティが怖いからです。申告をちょろまかしたりすれば、国税当局からばっちり査察が入ります。税務署からの取り立てだけでなく社会的制裁も恐ろしい。ところが彼ら政治家たちには、そうしたペナルティがない。

通常、脱税行為をした人間が、「記載ミスでした」で許されるはずがありません。それがなぜ、政治家は「ミス」の一言で許されるのか。それが許されるなら、世の脱税者はみな、明日から「ミスでした」と言うようになりますよ。

自分たちは納税をごまかしておきながら、「みなさん、明日から確定申告をよろしく」と言える神経には驚き果てます。

こうした状況一つ取ってみても、政権交代は必要です。政治家一人一人の清廉潔白さに賭けるよりも確実に、国家の仕組みとして、ある時期がきたら政権のメンバーをシャッフルする。そしてそれまでの野党国会議員が政権与党のメンバーとなり、それまでの与党国会議員をチェックする。それが政権交代です。

野党の力だけで起きた政権交代はない

――日本は北朝鮮や中国のような一党独裁の国ではなく、選挙によって統治者を選べる民主主義国家です。しかし、政権交代はなかなか起きない。それはなぜなのか、不思議に思っている若者も多いのでは。

橋下　なぜ日本で政権交代が起こりにくいのか、そのメカニズムはこれから詳しく見ていきますが、「システムとしては可能」であることは、しっかり国民の皆さんに認識してもらいたいですね。国民がやろうと思えばいつでも政権交代は起こせるのです。

日本はれっきとした民主主義国家です。どこかの国のように言論統制や情報統制がされているわけでもない。国民の教育レベルも高く、世界中からあらゆる情報を取得して、自分たちの頭で考えることができる国民のはずです。選挙で不正が行われることもない。

つまり「自民一強」を選んできたのもまた、僕たち国民の側なのです。「自分は選んだつもりはないよ」と言う人もいるでしょうが、国民の半数近くが投票しない国、それが日本です（令和4年7月の参議院選挙の投票率は52・05％）。

自分たちの将来を託す政権運営メンバーに、誰が座っていても関心がない……。

「自民一強」を選んできたのは、ほかならぬ日本国民という事実の確認から、この本はスタートさせるべきでしょう。

革命や内乱、クーデターによる政権交代があり得ない日本において、では、どんなきっかけがあれば政権交代はなるのでしょう。

現状、日本で政権交代が起こるメカニズムは、次の二パターンのみです。

①「自民党が内部から崩れ落ちる」
②「力を持った野党による下克上」

戦後日本が、過去二度経験した政権交代は、いずれも①「自民党が内部から崩れ落ちる」に便乗したものでした。「政治とカネ」の問題で自民党がグダグダになり、そこに野党が総攻撃をかけて、政権交代を実現した。残念ながら①抜きで、②だけで起こった政権交代はありません。本来なら、自民党の状況とは無関係に②「力を持った野党による下克上」がどんどん起こる国になってほしいのですが……。

ただ、①「自民党が内部から崩れ落ちる」現象は、いま僕らの眼前で起きています。「政権交代のための突風を吹かせよ！」と言うまでもなく、すでに船出に必要な風は吹いているのです。

――本来、吹かせたくてもなかなか吹かない風が、勝手に向こうから吹いてきている。ただし、棚からボタ餅的なこの好機を活かすためには、②「力を持った野党による下克上」が必要ですね。

橋下　まさにその通り。どれだけ野党に都合の良い風が吹いても、野党側に大海にこぎ出す準備と力がなければ船出はできません。漕ぎ出しても、あっという間に突風に吹かれて沈んでしまうかもしれない。我先にと漕ぎ出したたくさんの小舟が洋上でぶつかり合い、沈んでしまうかもしれません。仮に「野党連合」という名の大きな船に乗り合わせても、海上で「目指す目的地が違う」とケンカを始めれば、その航海も失敗に終わるのです。

政権交代の風を受け止めるだけの丈夫な帆を張れる野党、風向きを読む能力に長けた野党の登場が、いま一番求められています。しかし、今の野党にそれを望めるのか？

僕はそれは難しいと思うので、まずは政権変容の船を出すべきだと、主張したい。この船は、これまでの固定観念を脱しなければつくれない船です。

政治家に「落ちるリスク」と「受かるリスク」を突き付けよう

橋下　政権変容の具体的な話に入る前に、もう一つ確認しておきたい。

政権が交代することの一番の威力は、「落ちるリスク」を全政治家に危機感として味わわせる点です。二大政党政治になれば、与野党が拮抗することで政治に緊張感が生まれるだろうとよく語られます。その緊張感の正体は何かといえば、シンプルに「落ちるリスク」なんです。「選挙に落ちて無職になる危機感」。これがこれまでの自民党による政治、いわゆる「55年体制」には、決定的に欠けていました。

韓国のようにほぼ10年周期で保守系と革新系とが政権交代を繰り返し、しばしば前大統領が逮捕される……、まで極端に振れずとも、「次の選挙では政権が交代するかもしれない」「自分も選挙に落ちるかもしれない」と思えばこそ、政治家は危機感と緊張感を持ち、襟を正して歩んでいけるのです。少なくとも、そうそう安易には不正に手を染めないはず。だって政権交代した後に、それまでの野党に追及されるのが怖いですからね。

もう一つ、自民党にとっては「落ちるリスク」だけど、裏を返せば野党にとっては「受かるリスク」でもある。リスクと呼ぶのも変な話だけど。

要するにワーワー与党を批判しているだけの「口先野党」なら、誰でもできるんです。言ってみれば楽ちん。本当に大変なのは、その先。口に出した改革案を実行することです。

野党が政権与党となり、いざ実行者となれば、いかにこれまで与党を批判していた自分の考えが机上の空論だったかを痛感することになります。口で言ったことを実現する作業がどれだけ大変か、１００％の理想などは実現できず60％できれば大成功という感覚もわかるはず。

でも「万年野党」には、実行の機会がありません。だから自分たちが口先だけで言っていることを現実に移す際の覚悟もリスクも責任もない。言いたい放題です。

そんな野党の姿勢を国民も見ています。そして「ああまた、言いたい放題言っているな」と感じているはずです。

政治家は日頃自分の支持者を向いて仕事をしています。それこそ政治資金パーティーに行けば、「頑張れ！」「応援してるぞ！」という支援者の声援をもらうでしょう。地元に帰っても、名士として歓迎され、さまざまな地域のイベントに招かれます。

そうなるとどうなるか。「世の中の多くの人は自分を応援してくれている」と錯覚するんです。

僕の場合は幸い、政治家になる前にテレビやラジオの仕事をしていたので、このカメラやマイクの向こうには、何万、何十万、何百万もの人がいる、ということを意識できました。

アンチからの意見やクレームもどんどん耳に届きました。だから政治家になった後も、自分の応援者以外にも、自分に対する強烈なアンチが存在することを肌で感じることができた。でも、そういう経験を持たない政治家は、多くのアンチの存在を意識することができないんです。

本気で世の中を良くしようと思ったら、問題点ばかりを指摘して、為政者を批判だけしていても何も実現できません。本気で何かを変えたいのなら、実行力を持たなくてはならないんです。もちろん一人ではできないから、一緒に戦える仲間を増やさなくちゃいけない。額に汗して実行していかなくてはならない。

「政権交代」は野党にとって、自分たちが執政の当事者となるターン（順番）が来ることを意味しています。これまでは無責任に眼の前の執政者を非難ばかりしていたが、自分たちが与党になれば、今度は自分たちが批判される側になる。それに耐えられるだけの能力、実力、覚悟があるのか。

今の日本の政治に決定的に足りない「落ちるリスク」と「受かるリスク」を、全国会議員に体感してもらいたい。それが政権交代を願う一国民としての、僕の気持ちです。

繰り返しますが、日本は選挙で政治家を選べる国です。日本の政治がどれほど不甲斐なくても、それを許容してきたのは、僕ら日本の有権者なのです。

――選挙という民主的な手続きを経ているのだから、当然そう言えます。

橋下　政権交代の可能性を感じられない55年体制は、決して有史以来のものなんかではありません。戦後、たかだか数十年の政治の在り方にすぎない。

本来僕らには、日本の政治を変える力があります。未来の子どもたち世代のために、変えていく義務がある。

でも、日本人のマインドでは一足飛びに「政権交代」は実現しにくい。だからこそ、中間目標である「政権変容」を目指すことを、僕は提言します。

第二章 「政治とカネ」問題の本質

なぜ高額な飲みニケーションを介さないと政治ができないのか。今の時代、民間でそんなことを言えば嘲笑の対象だ。政治家にも民間並みのルールを！

政治家の金銭感覚は庶民からかけ離れている

――昔から、政治にはカネがかかると言われ、庶民もなんとなくそのイメージは持ってきましたが、想像以上に無節操、かつタガが外れているのでは……という庶民感覚が、政治への不信として噴出しています。

橋下　今回の自民党の裏金問題は、悪質という意味では一度目の政権交代前夜である1993年当時の「リクルート事件」と並び称されますが、なんと言うか……当時に比べても、非常にお粗末なんですよね。

あまりにケチ臭くて情けない。

弁護士という職業柄、僕もこれまで税金を巡る案件を担当してきました。しかし今回ほどお粗末な「脱税」の手法は、なかなか類を見ません。政治資金収支報告書の収入欄を不記載にするというのは、本来の所得を低くして偽るのと同じ。

幼稚園レベルの脱税手法です。

また政治資金パーティー券のキックバック分というのは、要するに「雑所得」です。もし、それを「政治資金」として使った「経費」だと言いたいのであれば、どういう目的でいつ使ったのか、誰に支払ったのか、証拠となる領収書が本来は必要です。それが領収書なしで経費扱いとなってしまうと、極端な話、愛人に貢いでも、恋人に高価なワインを購入しても、自宅の家賃に費やしても、誰にもバレることがありません。

経費扱いにして納税しないのであれば、領収書が必要不可欠です。

ところが岸田首相は参議院予算委員会で、そうした政治資金パーティーを巡る金銭に関して、「個人で受領した例を確認できていない以上、納税などを促すことは考えていない」と述べました。実際には「使途不明金」だらけなのに。

それは僕ら民間人で言えば「領収書は保管してないが、全部経費として使ったので、納税しなくていいですよね」と税務署に言うようなもの。当然、そんな申告が認められるはずがない。

――政治資金規正法自体は、48年に制定されていますが、「リクルート事件」（88年）や、政治家への巨額献金が明るみに出た「東京佐川急便事件」（92年）を経て、大きく改正されました。政治家個人が企業・団体から献金を受けることを禁止したり、パーティー券購入者の氏名公開基準も、それまでの100万円から20万円に引き下げられたり。

ただ、庶民の感覚からすれば、まだまだということですね。

橋下　抜け穴はいくらでもあるザル法ですからね。法律の知識を持った者が本気を出せば、いくらでもすり抜けられるようにできている。

たとえば企業・団体が議員個人に献金することは禁止されていますが、パーティー券の購入という形をとって購入代金を政治家個人に渡すことが可能です。献金と同じですよ。しかも購入者の氏名の公開も、1回に付き20万円以上。献金の5万円以上に比べればかなり緩いし、現金で支払えば裏金化も可能です。企業・団体が実際いくら購入しどれだけのおカネが政治家個人に渡ったかなんて、いくらだってごまかすことができる。

つまり政治家がやろうと思えば、いくらでも納税することなくカネを集めることができるんです。

――「政治家にカネが集まるのは当たり前」というのは、橋下さんご自身、政治家になったときに実感されましたか。

橋下　それはもう、びっくりするほどね（笑）。とにかくあの手この手で、カネを摑《つか》ませようとしてくる個人や企業・団体がいくらでもいることに、驚きました。話には聞いていたけど、これほどか、と。

たとえば僕が大阪府知事に立候補した際、いくつもの業界団体から献金の申し出がありました。そうした献金はすべて断ったけど、それでも「ご挨拶だけでも」と訪ねてくるからスタッフが会うわけです。するとその業界団体が僕を知事に推薦するという分厚い「推薦状」の額装を手渡して帰っていく。相手が帰った後、スタッフが額ぶちの裏を確かめてみると、札束がゴソッと出てくるんで仰天しました。

――え、そんな露骨なことが、この21世紀にもまだあるんですか？

橋下　あります、全然あります。もちろん僕はきっちり全額返しましたけどね。秘書に頼んで、耳を揃えて返すようにしていた。だってそんなカネ、恐ろしくて受け取れませんよ。

理屈は分かりますよ。そういう「業界団体の推薦状」を円満に受け取っておけば、大阪の各種団体が応援団になってくれたも同然です。彼らが後援会をつくって、「橋下を応援するぞ！」となったら鬼に金棒です。

でも、当然そうしたカネには、大きなリスクもあります。カネを受け取った代わりに、俺ら業界団体に便宜をはかれよと。そうすれば、次の選挙も応援するぞ、というね。

僕がカネを受け取らなかった理由

――橋下さんは、そうしたカネはいっさい受け取らなかった。

橋下　もちろん。だって嬉しさより、怖さのほうが先に立ちますよね。というのは半分冗談にしても、カネを受け取らなかった理由は大きく二つあります。

一つ目は、僕は当時、「政治や行政や利害関係者のなれ合いがひどい状態になっていた大阪府政を立て直す」と宣言して立候補しているわけです。業界団体からカネを受け取ったら、そこにメスなんか入れられません。受け取った途端に、彼らに飲み込まれてしまう。逆に言えば、僕はそうした申し出をすべて突っぱねたから、遠慮なく大ナタを振るうことができた。

当然、それまで政治家に「献金」することが慣例だった業界団体にしてみれば、衝撃だったはずです。行政から数億〜数百億円単位の補助金を得たり、公共事業の仕事を受けたりしてきた彼らにしてみれば、政治家に数百万〜数千万円単位の「援助」をすることなど、屁でもありません。そんな慣習をぶった切ったもんだから、まあ恨まれましたよね。

もう一つの理由は、これまたシンプルなもので、政治家を辞めた後が怖いからです。

僕は弁護士として、自分自身も毎年、確定申告をしています。そうした身からすると、お金を巡るウソ、ごまかしは民間の仕事をすべて棒に振ります。僕に限らず、自営の方や企業経営者は同じ感覚ではないでしょうか。

仮に政治家時代に「賄賂」を受け取ったり「脱税」したりしていたなんて汚名がついたら、民間に下った瞬間に仕事がまったくできなくなります。

僕は08年に政治家人生をスタートさせましたが、当初から、数年間政治家をやったら再び民間に戻るつもりでいました。結果的に僕の政治家人生は8年で終わりましたが、もし大阪都構想を巡る選挙が賛成多数で実現していれば、その後はもう一度、堺市長選挙に出馬するつもりでいたんです。

そうなれば12年間、政治家を務めることになったでしょう。でも当初からそれで終わりにするつもりでした。12年間政治の世界にいれば、もう十分だろうと。

いざ民間に戻ろうとしたとき、政治家時代に妙なおカネの受け取り方や使い方をしていれば、その後の人生を棒に振ることになります。「橋下は政治家時代に違法な手段で散々カネをため込んだ。不正に手を染めていた」なんて評判が立てば、その後の弁護士人生やコメンテーター人生は終わりです。

そんなことは怖すぎて到底できない。僕は政治家時代、特におカネにまつわる部分に関しては、徹底的に、それこそ神経質すぎるほど几帳面に管理してきたつもりです。だから、僕を嫌いな人間やメディアがどれだけ調査しても、政治家としてのカネに関する不正を見つけることができなかった。

「橋下の政策には反対だし、人間的には嫌いだ。だけどカネに関してだけはきれいだ」というお墨付きがあるから、今も僕はコメンテーターとして堂々と政治批判をすることができるんです。

――たしかに、芸能人でも悪質な脱税をした場合は、二度と復帰できない。

橋下　そうでしょう。企業も同様ですよ。会社のトップが脱税、あるいは組織ぐるみで粉飾していたとなれば、大変なことになります。担当者の責任はもちろんですが、上司の責任、そして組織トップの責任も大きく問われます。

ではそうした場合の責任はどうやって取るか。多くの場合は、「辞任」です。「責任を取る」とはそういうことです。

ところが、今回の自民党はどうか。数億円という巨額のカネをめぐる不祥事なのに、リーダーたちは誰一人罪に問われず、責任も取らない。法的制裁を受けたのは会計責任者たちだけです。

安倍派で事務総長を務めた西村康稔前経済産業相も、松野博一前官房長官も、塩谷立元文部科学相も、高木毅前自民党国対委員長も「会計については一切関わっていなかった」として責任逃れ。もう呆れてものも言えません。企業不祥事で、組織上層部が「知りませんでした」で知らん顔という厚顔無恥は、およそ通用しません。

国民が今、猛烈に怒っているのは、長年にわたり裏金をため込んできたこと以上に、その事実が判明した後の、自民党政治家たちの振る舞いです。確定申告のしんどさも経験したことのない政治家たちの、俺たちは一般国民とは違うんだと言わんばかりの傲慢な態度に、国民は怒っているのです。

政治家になるともらえる第二〜第四の財布

――一時期「上級国民」「下級国民」というワードがネット上で溢れましたが、やはり根本的に国民の感覚と、政治家の金銭感覚が乖離《かいり》していると思い知らされます。

橋下　いま国民の多くが「モノの値段が上がってきたな」「エネルギー代が上がってきたな」「食費が上がってきたな」と感じています。ずっと続いてきたデフレから、インフレ状態に移行しつつあり、日経平均株価もついにバブル期の最高値を抜いた。

だけどいまだ目に見える形で、国民全体の賃金上昇や暮らしの向上には結び付いていません。数年前には「老後2000万円」問題も注目を集めましたが、そもそも「老後」以前に、目の前の生活費や教育費、介護費が苦しいという人が多くいます。

そうした不安は、みなが共有していると思えばこそ耐えられる。なのに、気づけば政治家だけはそうではなかった。納税という基本ルールすら守らなくていい特権階級だったのか、という大きな驚きと怒りがあります。

そもそも「政治家」になった瞬間、生活レベルがアップする、というのもおかしな話です。

国会議員になる前の民間人だったとき、地方議員だったときに比べて、飲食代や贈答品代、宿泊するホテル代がランクアップするのが国会議員の世界です。

それが可能となるのは、給与に当たる歳費以外に、おカネが入ってくるいくつもの「財布」を持っているからです。しかもそれらはすべて、納税しなくていいお金です。

自民党は以前から、旧文通費問題に関しても、のらりくらりと議論を避け続けてきました。国会議員が歳費とは別に、月100万円（年間1200万円）もらえる「調査研究広報滞在費」（旧・文書通信交通滞在費）です。これは使用基準も範囲も限定されず、領収書も不要で、情報公開もされません。まさに政治家にとっての「第二の財布」。適切に使う分ももちろんあるでしょうが、残ったカネがいくらなのか報告する義務もなく、残金を国庫に返納する義務もない。極端な話、1200万円のうち200万円だけ「政治」に使い、残りの

１０００万円は懐に入れても、誰からも何も言われないのです。

加えて「第三の財布」もあります。政党から政治家個人に与えられる「政策活動費」は、２０２１年までの20年間で、主要政党で約４５６億円も支払われました。自民党は最多の約３７９億円。なかでも5年間自民党幹事長を務めた二階俊博氏には、合計約50億円も支払われています。

もちろん、その多くが必要性のある政治活動に使われていると思いたいところですが、領収書も報告書も一切不要なので何に使ったのかまったく分からない。今の国会議員の体たらくを見ると、すべて適切に使ったと信じる国民はいないでしょう。

政治家になるには準備期間も必要です。特に新人候補者は安定した仕事を辞めて選挙準備をするケースが多く、その間の生活費や、事務所代や人件費もかかります。交際費や贈答品などの出費もある。そうしたところに、これら幹部国会議員が受け取った政策活動費が充てられると、それは候補者個人への寄付として政治資金規正法違反になるのですが、そのような法律違反のおカネの使い方は与野党ともにやっているようです。

なんと言っても50億円という巨額のカネは……、はたしてすべて適切に使える額なのか。そして、「適切に使用した」と言われても、そこまでの巨額のカネがないと活動できない

「政治」とは、いったいどういうものなのか。

そんな疑問が渦巻く中、あらたに「第四の財布」として、今回のキックバックの存在が明るみに出たのです。

「政治家、いい加減にしろ！」「どれだけ領収書不要の財布をもっとんねん！」と国民が憤《いきどお》るのも当然です。

――政治資金パーティーを禁止する案も出ていますが、どう思われますか。

橋下　政治資金パーティーそのものが悪だとは思いません。政治活動をする以上、資金ゼロではやはりできない。人間に与えられた時間は24時間しかなく、自分の身も一つしかないとなれば、やはり秘書や事務の人を雇い、仕事を分担してもらわなくてはなりません。限られた時間を仕事に注ぐため、電車通勤より、車や運転手を手配して移動時間を仕事に充てる必要もあるでしょう。事務所も持たなくてはならないし、選挙となれば人手も必要です。

だから僕も政治資金パーティーは行っていました。特に知事、市長は政党交付金を受け取る立場になく、日本維新の会が政党交付金をもらうようになっても、僕は党からは活動費等を一切もらいませんでした。

ですから必要な政治資金はパーティーで集めるしかなかった。もちろん領収書や収支報告は徹底して記入・管理していました。僕は政治家として企業・団体献金には反対の立場だったので、法律上は認められているパーティー券の企業団体売りは一切やらず、あくまでも個人の皆さんに購入してもらっていました。

政治家が受け取るおカネに関しては、その流れはとことんクリアにしなければならない。アメリカなどでは、そうした政治資金に関しては、デジタル化が徹底されています。いくら本人が「記憶にございません」と言っても、デジタル記録としてすべて残っているから、言い逃れできない。

日本の政治家たちも、そんなにすぐ失う記憶力しか持っていないなら、現金決済をやめて全部デジタル化すればいいんですよ。国民に対してはキャッシュレスを進めているのだから、それと同じようにすればいいだけです。

カネの流れをすべてデジタル化せよ

――たしかに今、マイナンバー制度や電子帳簿保存法、インボイス制度など、収入と税金の流れをより明確にする仕組みが導入され始めています。

デジタル化ですべてのカネの流れを可視化しろと政治家が国民に言うならば、まず自分たちからやれよ、というのが国民の本音ですよね。

橋下　本当にそうですよ。僕は基本的にマイナンバー制度やインボイス制度、電子帳簿保存法などには賛成です。でも、まずは政治家自らが範を垂れてほしい。

そういうことを言うと、「ならば１００円のアイスを買っても領収書が必要なんですか？」と逆ギレする議員がいました。もちろんたかが１００円でも、経費ならば僕らは領収書をもらって申告します。もっとも自分で食べるアイスは「経費」では落ちないけど（笑）。この議員は「経費」と「私費」の区別すらついてないことを、自ら白状している。

「領収書をすべてにつけると事務負担が増える」とこぼす政治家もいますが、僕ら国民はその膨大な事務処理をやっているのです。

そして、その事務負担をなくすための方策の一つが、デジタル化だったはず。おカネの流れを可視化するために、現金決済ではなくデジタル決済をして、徹底的に見える化する。政治家にやましいことさえなければすぐにできるはずです。デジタル庁はまず、政治家たちから率先してデジタル決済改革を断行してほしいですね。

正直、今回の「裏金」問題を解決するための方法は、非常にシンプルなんです。たった三つのことをすればいいだけのこと。

それは「政治家にも国民と同じ納税ルールを義務付けること」。

そして「政治家のカネの流れをチェックする第三者機関を設けること」。

さらに「違反の際は（国民と同様に）ペナルティを課すこと」。

僕ら民間人の所得は税務署のプロたちが徹底して管理・監視しています。たとえば接待交際費一つ取ってみても、一般的な中小法人（資本金1億円以下）の場合は、上限が年間800万円までと決まっています。取引先の人と飲みに行っても、経費で落とせるのはだいたい一人一回5000円まで（法令改正によって1万円までに拡大）です。

しかも、そうした飲食や贈答にまつわる出費がなぜ「経費」として認められるかと言えば、「この交際を仕事につなげ、取引を成立させることで新たに納税できる」から。だからプライベートの飲食は当然「経費」では落ちませんし、それがれっきとした仕事上の飲食であることを示すために、領収書の提出が義務付けられているのです。

僕ら民間人にはせっせと領収書を集めさせ、きっちり納税させるくせに、政治家は報告もいらない、領収書もいらない、使える金額は青天井ときている。知り合いの政治家が誕生日を迎えたら高級ワインを贈る。永田町界隈で高級フレンチを食べる。旅先で散財する。では、彼らがそうした「交際」から、いったいどんな素晴らしい価値を生み出しているのか。

シンプルに、「政治活動費」なら領収書をつけて、申告させればいい。そしてその申告をチェックする第三者機関を設けるか、それが難しいなら、普通に国税局に入ってもらえばいいんです。彼らのチェック能力はすさまじいですから。

そしてもう一つ、「違反した際にはペナルティを課す」こと。現状のように「ミスでした」「金額を訂正します」で終わりにならないようにする。政治家だって国民です。脱税した場合は、それ相応の罰金や、社会的制裁を受けてもらわないと困ります。

――政治にはおカネがかかる――。何となく国民もそう思ってきたし、政治家たちもそう思わせてきたわけですが、今の時代、政治家ほど「飲みニケーションが必要だ」と言う人種は他にいません。

橋下　そもそもなぜ高額な飲み食いを介さないと政治ができないのか、国民は素朴に疑問に思うでしょう。民間企業でも通常の業務は会議室で行いますよね。酒を飲んで酔っ払いながら行う真剣な会議なんてありません。それが「政治」になると、「人間関係構築には飲みニケーションが必要だ！」といまだに堂々と言うのです。

今バリバリやっている民間の場でそんなことを言えば、嘲笑の対象になるのに。完全にズレています。民間では厳格にルール化されています。先日、日本を代表するある企業のトップと会食をしました。そのクラスでも、厳しいルールに従っていました（笑）。

ところが国会議員にはそのような意識がまったくない。

まあそれでも、かつてに比べればだいぶマシになったとは思いますけどね。それこそ昭和の時代は、「ニッカ・サントリー・オールドパー」なんて隠語もありましたし。

――ありましたね。自民党総裁選の多数派工作で、二つの派閥からカネをもらったら「ニッカ」、三つなら「サントリー」、全派からなら「オールドパー」と言われました。

橋下　それが政治資金規正法の改正で、金権政治はＮＧという一応の合意ができた。とんでもないザル法ではあるけれども。

とにかく昭和スタイルの政治は、カネがかかる。なぜなら彼らは飲食や金銭を介してしか、仲間を増やせないから。

もしかしたら戦後の混乱の時代には、そうした形での仲間集めが必要な場面もあったかもしれません。でも令和の今、それはない。日本は戦後の混乱期を乗り越え、高度成長を果たして曲がりなりにも先進国となり、民主主義を成熟させてきました。

そうした現代の日本で、今さら飲み食い政治ではないはずです。

昭和の時代から続いてきたそうしたスタイルを、「ザ・自民党的政治」と呼ぶならば、せめて若い政治家たちには、あるいは野党政治家たちには、新たな政治のやり方、仲間の増やし方、カネの扱い方を見せてほしい。

第三章 「55年体制」の総括

55年体制とはすなわち
「万年与党」と「万年野党」。
茶番劇の原因は自民党よりもむしろ、
万年野党で満足する日本社会党にあった。

今は「中選挙区制」よりはマシ

――これから「政権変容」を語るにあたり、改めて自民党が与党として築き上げてきた「55年体制」とはどういうものだったのかを、振り返ってみたいと思います。

自由民主党が1955年に政権を握ってから、野党に下野したのは二回だけ。93年と2009年です。

93年の一度目の政権交代は、自民党が選挙に敗れ、非自民・非共産8党派による連立政権が誕生しました。日本新党代表の細川護熙《もりひろ》氏が、第79代内閣総理大臣として指名されたのです。09年の二度目の政権交代は、まだ皆さんの記憶にも新しいと思います。野党第一党だった民主党が総選挙で過半数を取って政権奪取を実現し、社民党、国民新党とともに連立与党を形成しました。

しかし、この二回を除けば、戦後のほとんどの期間を、自民党が与党第一党として政権に君臨し続けてきたのです。

こうした状態は、共和党と民主党で政権を均衡する二大政党政治を実現するアメリカや、いくつもの政党が交錯するヨーロッパ各国とは根本的に大きく異なります。

ただし、こうした状況を打開しようと、過去には改善の努力も試みられました。一回目の政権交代時には、今後は「政権交代」が頻繁に起こることを目指し、細川内閣が公職選挙法の改正を実現し、小選挙区比例代表並立制を実現した（94年）。

しかし、あれから30年。当時の目論見が功を奏したとは言いがたい。橋下さんはこうした政治の流れを、どう分析されていますか。

橋下　基本的に「政権交代」を目指した94年の公職選挙法の改正を、僕は大いに評価しています。かつての中選挙区制は、それこそ「政治とカネ」問題の温床でした。候補者が広い選挙区を走り回り、駅前演説や講演を行うには、多大な体力、気力、人力、そして経済力が必要になる。同じ自民党内から各派閥の候補者が乱立すれば、党内派閥争いも激化します。それが金権政治や密室政治を生んだ。

一方の企業・団体も、各派閥に金銭的援助をすることで、メリットを得ようとします。それがリクルート事件や、東京佐川急便事件など「政治とカネ」を巡る一連の不祥事を生み出す原因ともなっていました。

そうした悪習慣を払拭《ふっしょく》しようとして実現した公職選挙法の改正は、「派閥中心選挙」から、「政党・政策本位の選挙」への移行が掲げられました。国民と政治家の意識変革を目指したのです。それ自体はともかくにも、評価に値すると思います。

ところが、あれから30年……。その理想が実現されてきたかと言うと、残念ながら大きな変革は生まれませんでした。公職選挙法の改正以降、選挙によって政権交代が起きたのは、09年のたった1回ですからね。

でも、だからと言って、あの94年の改革が無駄だったとは思いません。近年、またぞろ「昔の中選挙区制のほうがよかった」という意見も見聞きしますが、僕は賛同しません。だって今のほうが確実にまだマシですから。僕は中選挙区制時代には政治家を経験していませんが、かつての金権政治を見聞きするに、本当にひどいものだったようです。あの頃の政治家って、ものすごい豪邸に住んでいた人も多かったですからね。政治家は公僕だという認識が多少なりとも広まった今の時代のほうがずっとマシ。

94年の政治資金規正法改正も、僕は「ザル法」なんてケチをつけていますし、実際、抜け穴はいくらでもあるわけだけど、以前よりもマシになったという効果があったことは間違いありません。

――たしかにかつての派閥幹部はたいてい大豪邸に住んでいましたね。取材で訪れても、門から玄関までの距離が異様に長いという……。それが昨今は、派閥幹部クラスでも赤坂の議員宿舎住まいの人が増えています。相対的に見ると「政治とカネ」問題も、以前よりはマシになってきたのかもしれない。

一方で、中選挙区制時代に比べると、小選挙区制導入以降は政治家が小粒になったとも言われています。中選挙区時代はエネルギー溢れる個性派が立候補し、群雄割拠状態でした。自民党の政治家たちも、最初は保守系無所属で選挙に挑み、現職自民党議員を蹴落としてから選挙後に追加公認され、党に迎えられる時代があった。そこはすさまじい戦いで、個性が弱ければ勝ち抜くことができません。自分の上役に当たる人間よりも、選挙区の有権者のほうを向いてがむしゃらに働く人も多かったように感じます。

ところが小選挙区比例代表並立制になると様相が変わりました。党から公認さえ受けていれば、仮に小選挙区で落ちても、比例代表で復活する確率も高くなりました。結果的に一人一人の政治家の個性が小粒になり、いわゆるサラリーマン政治家が増えてしまった。

橋下　政治家の面白さ、つまらなさの基準は何かという問題があります。たしかに政治家が小粒になった感覚はあるかと思います。でも、それは悪いことなのか。

かつて中選挙区制で選ばれてきた政治家たちは、いわば地方の重鎮たちですよね。その地場で発言権と行動力と経済的基盤を持ち、その土地の住民を率いてきた人物です。人間的に面白いか、面白くないかと言えば、圧倒的に面白いには違いありません。地域のもめ事の仲裁に入り、陳情を聞き入れ、海千山千の人々を束ねてきた人たちですから、度量や度胸もあるでしょう。

ただ、個人としての面白さが、組織運営の有能さと直結するかと言えば、それはまた別の話です。地元のボスに必要な資質と、国家運営に必要な資質は異なります。

地域のドンは、知名度と行動力で、ときに周囲を黙らせることもできるでしょう。でも、多様な人材が集まり、合議制で物事を決める民主主義の場において必要なのは、「周囲を黙らせる力」ではなく、「組織運営能力」です。

また国政において政治家に求められる能力は、自分の地元の利益を飛び越え、異なる地域、異なる世代、異なる性別、異なる階級に属する人々すべてのことを考える力、想像する力、リサーチする力です。そうした世界を知らないのなら、一から学ぶ姿勢や、人に教えを乞う謙虚さも大切です。

そうした姿勢や謙虚さは、「度量」や「面白さ」とはまた別の次元のものです。極端な話ですが、「地元のボス」が何を目指して政治家になるかと言えば、「政界のボス」になることだったりする。目指すのは大臣のポストであり、しかし、そうした役職に就いたのちに何がしたいのか尋ねると、明確なビジョンはほぼほぼないという人も少なくありません。

しかも実際、それでも国政は回るんです。というか回ってきました。なぜなら政治家がどれほど勉強せずとも、世界を知らなくても、実質的な業務全般は官僚がやってくれるから。政治家になるための知識や意欲を問う国家試験は存在しませんが、官僚たちは国家試験をくぐり抜けてきています。専門知識をため込んだエリートたちが、実際の実務を行ってくれる。だから政治家たちが仕事を官僚に丸投げしても、少なくとも現状維持でいいのなら、国政は回っていきます。

でも、そのような政治がどんな弊害を生んできたか、もうお分かりですよね。

これからのキーワードは「組織化」

――現状維持でも、何とか国政は回っていく。その言葉がまさに日本の「失われた30年」を表しています。

戦後日本は驚異の経済成長を遂げましたが、それは人口ボーナス時期と重なっていたからです。その後人口が停滞すると同時に経済も停滞。日本は90年代のバブル崩壊後、経済大国から転落し、物価も上がらない代わりに賃金も上がらず、伸び悩んだ30年を過ごしてきました。こうした元凶の一つが、代わり映えのしない政治体制にあったということですか。

橋下　そうだと思います。もちろん政治家が願えば、願った通りの未来が訪れるわけではありません。経済の専門家でも未来はわからないことだらけです。ただ、そこで政治家に、「未来を描く力」が決定的に欠けていれば、国の成長発展はありません。

ちなみにいま僕は「政治家」と「官僚」という言葉を分けて使いましたが、基本的に「政治主導」とか、「脱官僚」「官僚制打破」などの言葉はよくないと思っています。

本来の政治は、「政治家」と「官僚」が両輪となり、共に協力して回していくもの。どちらか一方だけがむしゃらに働いても、正常に機能しません。

また「官僚」も「政治家」も、どちらが上で、どちらが下とかそういうものでもない。両者の違いは、単なる「役割の違い」です。

では、両者の役割とは何か。「政治家」の役割の一つは、「国家のビジョンを描くこと」。そして二つ目は、「国家運営のためのルールを決定すること」です。そして「官僚」の役割は、政治家が示したそうした「ビジョン」を実現するための具体的な法律案や制度案をつくり、政治家の決定を受けてそれを実行する実務にほかなりません。

官僚は国家を滞りなく運営するための実務をこなしますが、すでに存在する仕組みを飛び越えて、勝手に将来ビジョンを決めることをしてはいけない。決めるのは政治家です。官僚がしっかり動けるだけの大きなビジョンや方向性を示し、決定するのは政治家の役割ですし、官僚だけでは突破できないところを突破するのも政治家の役割です。人口問題などはその典型でしょう。

そうしたときに、はたして「地元のボス」が、国家的な大きなビジョンを描けるでしょうか。地元の利益を乗り越えて、広く日本全体の未来を設計できるのか、30年後の日本社会の幸せを考えられるのか。いくら個人的に面白くて、地元で人望があっても、このような個人商店的政治家が集まるだけでは国家の将来ビジョンを議論することは困難でしょう。

国政に必要な高度な知識を交えながら、建設的、論理的な議論ができる能力が必要で、単に人間的に面白いというだけでは国政を担う資格はないのです。

——そうしてみると、小粒感は強まったとはいえ、サラリーマン政治家の存在も必ずしも悪ではないと。むしろ組織運営に適した政治家が生まれる余地があるということですか。

橋下　これも会社組織と同じです。強いリーダーシップを発揮する優秀な社長もいます。特に創業社長などは、伝説的なエピソードや個性の面白さが際立つ人も多い。

でも、一般的な企業運営において必要なのは、組織マネジメント能力です。必ずしも戦国武将のようなキャラの強さはなくても、部長、課長、部門リーダーなどに、組織としての方向性を示し、彼らが自らの職務を全うできる環境を整えられるリーダー。

それが企業をまっとうに動かしていくということではないでしょうか。

中選挙区制から小選挙区制に移行した弊害として、「小選挙区制になったら党執行部の力が強くなりすぎた。おカネも全部執行部が持つようになってしまった」という声も聞きます。でも、そもそも「組織」とはそういうものですよね。人事権や予算権を掌握するいわゆる「ボス」が複数乱立していたら、健全な組織マネジメントはできません。まさにこの「ボスたちの乱立」が、今回の政治とカネの問題を起こし、派閥の弊害と指摘されているのではないでしょうか。ゆえに岸田首相は派閥の解散を打ち出した。

いわゆる組織マネジメント力を持つ政治家は、必然的に組織人化していく。それはある意味、当然の成り行きなのかなと思います。

従来「個人商店」方式でやってきたやり方が、今は「組織化」の方向性にあるというのは、教育も医療も弁護士の分野も同じではないですかね。

学校でもかつては金八先生方式に、個性的な先生が独自のやり方で教育論をぶつ、なんてこともありましたが、最近の学校はチームマネジメントが主流です。

不登校やいじめ、発達障害の問題や、保護者対応や教師の心身の過労問題など、教育界を取り巻く課題が激増しています。聞く話す英語やプログラミング、アクティブラーニングなど、教師が負うべきタスクも年々増えています。

そうしたことすべてに対応できる万能型教師などは存在せず、学校という組織が、それぞれの専門家をチームとして揃え、スクラムを組んで運営していくようになっています。学科を教える教師、保護者対応をする専門部署、スクールカウンセラーや、ときには外部の民間事業者やボランティアなども含めて、「組織化」しないと、今の時代やっていけなくなっている。

僕のような弁護士の業界や、医療業界でも同じです。それぞれお山の大将的な「個人商店」的人材が独自に仕事を進めるのではなく、チームでタッグを組んで課題に取り組んでいくようになってきました。問題が多様化し、複雑化していく時代においては、それぞれの知見を持ち寄りチームで物事に当たる「組織化」がキーワードになっていくのだと思います。

小選挙区と比例代表の配分が、これ以上ないほどマズい

——さきほど「小選挙区制は中選挙区制よりはマシ」というお話がありましたが、一方で小選挙区制が自民一強を生み、政治を停滞させています。

橋下　その理由は非常にはっきりしています。つまずきの原因は、中選挙区制から小選挙区

制になったことではなく、小選挙区比例代表並立制にしたこと。そして、その小選挙区と比例代表の配分の仕方を、見事に失敗したことにあります。

もし日本の政治をしっかりとした二大政党政治にしたいのであれば（それが僕の望む姿ですが）、比例代表制など組み込まずに小選挙区制一本で行けばよかった。そうすれば、野党は一つにまとまらざるを得ず、選挙においては与野党を原則一騎打ち対決させることができたはずです。

反対に、たった二つの政党だけでは国民の声が反映されない、もっと多党制でいかなくてはと思うならば、比例代表枠をもっと拡大しなくてはならなかった。

ところが現状は、どうでしょう。もうこれ以上日本の政治をダメにする方法はないだろうというくらい、絶妙にマズい具合で両者の配合がなされてしまった。

その結果、二大政党政治も実現せず、多党政治も実現しない、相も変わらず自民による一党独占体制が続いてきてしまっています。

僕らも身体の調子が悪い場合は、薬剤師に薬の配合を頼みますよね。ところが、なんでこんなにも悪症状が続くのかと悶々と悩むくらい、まずい調合がされてしまった。すっきり治るでもなく、しかしこれ以上は悪化しないレベルに保つ調合。それが日本の選挙制度の現状です。

ではなぜこんな配合になってしまったのか。それは野党も含めた当時の政治家たちが、選挙制度改革を理論的に追求することなく政治決着で手打ちにしてしまったからです。小選挙区制一本では、現職議員たちの多くが落選してしまうリスクを背負う。だから現職議員を守るために、比例代表で、しかも小選挙区で落選した議員を復活させる仕組みをミックスした。その結果、政党の新陳代謝が起こらなくなってしまった。

今もそうですよね、自民も公明も維新も国民もすべて、比例代表制で議席を稼いでいる。その点において、「政権交代が実現できない」と嘆く野党も、この政権交代できない制度によって自分たちの議席を守り続けているのだから同罪と言えるでしょう。

その場の政治家たちの政治判断で手打ちにすべき政策もあるでしょう。でも、絶対にそれをしてはいけない局面もあります。その一つが選挙制度改革でした。

国家運営を担う国会議員を選ぶ選挙の方法は、現役議員たちが自分たちの議席を守るために、政治判断で決めていいことではありません。未来の日本を良くするための理想の選挙制度を構築するならば、ゴリゴリの理論的な議論を経て、決めなくてはならなかったんです。

仮に自分の議席を守れない可能性が出てきても、「政権交代」を真剣に目指すならば、そこはしっかりとその目的を達成できる選挙制度を目指すべきだった。

――せっかく衆議院と参議院があるわけですから、たとえば衆議院は小選挙区だけにする、参議院は比例重視にするなど、バランスを配慮することもできるはずですよね。

橋下　イギリスやアメリカのような二大政党制を目指すならば、小選挙区の割合を増やすべきです。一方で、ドイツのように多党制にして、その都度連立を組みながら政権交代をしていく方法を目指すなら、比例代表の割合を増やせばいい。

だけど今の日本の現状で、そのどちらにも法改正ができないならば、理想論を叫ぶだけでなく、むしろ野党の側に「万年野党」を脱するための具体的な戦略が必要です。

その戦略こそが、「政権変容論」です。

日本社会党という奇妙な政党

――「万年野党」というポジションで満足してきた実例が、まさに「55年体制」の日本社会党（以下、社会党）でした。社会党は、政権を取る気などさらさらない実に奇妙な政党でした。中選挙区時代、仮に5名の枠があっても、候補者は1人か2人しか立てなかった。本気で過半数を狙うなら3名以上の候補者を立てなければなりません。

しかし現職議員を当選させることを最優先して、新人を立てないんです。彼らにとっての選挙は政権交代が目的ではなく、ひたすら現職議席数を確保するためのものだった。

橋下　そうでしたね。

——では、彼らは何を目的とした政党だったか。一口で言えば「国対政治」です。

表向きの国会では、与党である自民党と丁々発止の対立をしているように見せて、その実、裏で根回しをして、手打ちによる結論をすでに出している。自民党が目指す安保法案を通す代わりに、社会党が希望する公務員の賃上げなどを飲ませるわけです。そうした取引を各党の国会対策委員長らが、表の舞台ではなく、夜の料亭などで話し合ってきました。だからこそ「政治にはカネがかかる」状態が続いたわけです。

与党の自民党、野党の社会党、公明党、民社党の3党が、それぞれ国対幹部を出し合い談合で政治を行う「国対政治」こそが、自民一強を生み出した「55年体制」の骨格でした。そしてその基本姿勢は、現国会を見ても大きくは変わりません。

日本は政権交代が起きない国だと言われてきましたが、要するに政権交代を起こすべき野党自身が、政権交代をするメリットを感じていない。

橋下　僕も同感です。維新の源流である地域政党大阪維新の会（以下、大阪維新）は、大阪府、大阪市の政治行政で知事・市長となって政権を獲り、府議会・市議会も過半数を獲ることに狙いを定めて全力を尽くしましたが、それはすべて、これまでの大阪の政治を変えて、政策を実現するためでした。まずは野党第一党でいい、とりあえず少しでも勢力を拡大できればいいなんていう考えはまったくありませんでした。

自民党から共産党までタッグを組んだ敵方を相手にして、知事選挙、大阪市長選挙を制し、さらに府議会、市議会において単独過半数を制するのは困難極まりない目標でしたが、大阪の政治を変えて政策を実現するためには、達成するしかなかった。

政策を実現するために、僕はそれまでの弁護士の仕事やメディアの仕事をなげうって政治行政の世界に飛び込んで政党をつくったのですから、野党第一党で時間を潰すなんてことはまっぴらごめんでした。政治家や権力者になりたい、自分の政党の勢力を広げたいということは目的ではなく、それらはあくまでも政策を実現するための「手段」にすぎない。

確かに地方自治体とは比べものにならないほど規模が大きい国政において、野党が単独で過半数の議席を獲得し、いきなり政権交代を実現することは非常に難しいでしょう。

しかし政権与党である自公を過半数割れに追い込み、自公との協議の中で、野党が一つでも二つでも自ら掲げる政策を実現することは、今の状況でも十分可能なのです。

ただし、社会党のような「野党第一党を維持する」ことが至上目標の野党では、それはうまくいきません。野党が自分たちのことを考えるのか、それとも本当に日本の未来のことを考えるのか。

その問いを野党に突き付けるのが、「政権変容論」なのです。

第四章　過去の政権交代から学ぶこと

1993年と2009年。
可能性に始まり、
絶望で終わった二度の政権交代。
何が足りず、どうして失敗したのか？

1994年の「乱世型政権交代」

――「政権変容」とその先の「政権交代」を実現するためには何をすべきか。それをより深く理解するために、この章では過去の政権交代を検証していきます。

93年の政権交代は「乱世型政権交代」として、今と状況が似ている気がしていると、先ほども述べました。

当時は、自民党と社会党による自社体制に対する不満が世の中に充満していた。今は、自民党と公明党による、自公体制への不満が高まっている。ところが、その不満の受け皿になりうる強力な野党が存在しない、という状況が共通している。

とにかく野党第一党の立憲民主党や第二党の維新が頼りない。そんななか、れいわ新選組を筆頭に、参政党や作家の百田尚樹さんの日本保守党など、新しい政党がいくつか誕生しています。彼ら彼女らに唯一共通するのは、「既存政党に対する不満」です。

橋下　この新党が乱立する様子は、極めて日本らしいとも言えます。これだけ多様な価値観が並存する社会で、政治権力に対しても好き放題に言える国というのは世界の中でも少数です。さすが八百万《やおよろず》の神を奉じてきただけのことはある。

候補者も自分が訴えたいことを自由に言えるし、有権者も権力者に何でも言える。一人一人が、自分の「推し」政党を持てる多様性は素晴らしいと思います。

――しかし今回は、そうした新党ブームの後に政権交代が成った30年前のように、政権交代が成立する可能性は低いと、橋下さんは言います。

橋下　状況が似ているからと言って、同じことが繰り返されるという見立ては甘いと思います。現実的な政権交代という観点では、30年前と現在では決定的な違いがある。それは有権者の意識の違いです。

今の国民は「いくら与党がダメでも、野党にも任せられない」と経験で学んでしまった。細川政権しかり、民主党政権しかり。「与党崩壊型」で、「与党はもうダメだ」「ならば野党しかない」と投票した結果どうなったかを、国民はしっかり記憶している。

細川政権は1年と持たず、民主党政権もわずか3年で瓦解した。その結果、自民党が返り咲いて長期政権が再開した。

あれほど舌鋒鋭く与党を批判していた野党も、いざ自分たちが政権を担えば、理想と現実が違うと分かり、慣れぬ政権運営に四苦八苦した挙げ句に尻すぼみに。国民は振り回され、「どれだけ自民が不人気に陥っても、野党よりマシ」という実感を得てしまった。

そうした「野党不信」は今も続いています。たとえば政治とカネ問題がちょうど炸裂していた2024年2月前半に時事通信社が行った世論調査では、岸田内閣支持率は16・9％と当然ながら急落していた。危険水域とされる20％をはるかに下回り、不支持率は60・4％。しかしここまで政権与党がグダグダになっても、野党の支持率は伸びていなかった。立憲民主党4・1％、公明党3・6％、日本維新の会3・3％、共産党2・4％、国民民主党0・4％……。

つまり、どれほど自民党の信頼が地に落ちても、野党への信頼が自動的に浮上するわけではない。このままでは「政権交代」は見えてきません。

では、どうすればいいか。焦点となるのは、6割を超える「支持政党なし」の無党派層です。「自民も嫌だが、野党もダメ」と判断している層の関心を、どれだけ惹きつけられるか、それが政治の変化を実現するためのカギとなります。

国民は「新しい国のカタチ」までは求めていない

――「自民はダメだが、野党もダメ」。その思いを国民に強く刷り込んだのは、二度目の政権交代を成した民主党政権だったかもしれません。

なぜ09年に民主党は政権交代を実現でき、なぜもろくも崩れ去ったのか。あの教訓を次に活かさないことには、次の政権交代も見えてきません。

実は当時、民主党の鳩山由紀夫さんと菅直人さんが発した言葉が印象的でした。政権交代が成し遂げられるポイントとして彼らが語っていたのが、「政策に関しては自民党と一緒でいい」ということでした。「むしろそのほうが有権者の警戒心は薄れる。重要なのは政策の違いじゃなくて、人が変わることだ。政治の中身は似ていても、人間さえ変われば腐敗は減る。それが何よりも大切なんだ」と。

橋下　え、それは鳩山さんがおっしゃっていたことですか？

――鳩山さんも、菅さんも、小沢一郎さんも、同じようなことを言っていましたよ。

当時の民主党は、「コンクリートから人へ」をスローガンに掲げ、自民党とのカラーの違いも打ち出していましたが、特に政権交代前はそこまで野党色というか、自民党との違いを打ち出してはいませんでした。それは政権が変わることで国民が警戒しないよう、過激性は排するという彼らなりの戦略だったんです。

橋下　そうでしたか。それは知りませんでしたし、意外でした。

僕はその意見に大いに賛成だからです。最近の野党が政権奪取できない理由の一番が、そこにあると見ています。

今の野党は、現政権との違いや自分たちの独自色を打ち出そうとしすぎている。彼らは現政権と違う方向性を示すことこそが野党の最大の存在意義であり、それを実現することこそが政権交代の目的だと思い込んでいます。

僕に言わせれば、それが大きな間違いなんです。

政権交代の一番の目的は、まさに今の鳩山さんや菅さんの言葉通り、国の方針を百八十度変えることではないんです。一番重要なことは「メンバーを入れ替える」こと。仮に同じ政策方針で国家運営を続けても、運営メンバーさえ変われば、前任者が陥っていた過ちも見つかるし、不祥事や問題点も明らかになる。改革も行いやすい。

――「政権交代」の一番の目的は「政策チェンジ」より「人のチェンジ」にある。前政権の不正や腐敗を正すことを、政権交代の至上目的とすべきだということですね。

橋下　民間組織だってそうですよね。社長が替わるたびに「これまでの方針を百八十度変えます」では、社員も顧客もステークホルダーもたまったものではありません。

通常は社長が替わっても、業態を一気に変えることなどしない。方向性や業態はこれまで通りで、それでも人が新陳代謝すれば、従来の体制で横行していた悪弊や腐敗が暴かれます。新風が入ることで改革が進むんです。

そしてそのような緊張感があるからこそ、現経営陣、現政権は不祥事を起こさないように最大限の注意をする。新陳代謝がなければ、人間なんてそんなに強くないので、不正に手を染め続けるでしょう。それは歴史が示す通りです。

このことに野党も、そろそろ気づいたほうがいい。何でもかんでも政府与党と逆張りで違う道を提示しなくてはと、思い込まなくていい。むしろ、そうすることで国民を遠ざけてしまっていることに気づいてほしい。

なんだかんだ言って、自民党が選挙で勝ち続けている一番の理由は、「大筋の政策は、自民党でいい」と多くの人が思っているからです。野党は「今の自民党と違う国の姿を見せる」と言うけれど、正直な話、国民もそこまで劇的な変化は望んでいないんですよ。

――そのあたりに、民主党政権が長続きしなかった理由がある。

橋下 そうですね、それも理由の一つだと思います。ただ、民主党政権がわずか3年しか存続しなかった第一の理由は、「内輪もめ」です。

09年の民主党政権誕生以来、目指すべき方向性に迷走した挙げ句、意見の異なる人々の造反が続出しました。政権の座にあった3年間で、民主党を自ら離党した人や除籍された衆参両議員の数は100を超しています。これは異常でしょう。せっかく自民党の総崩れで棚からボタ餅式に政権奪取できたのに、完全に自滅してしまった。

では、なぜ意見が分かれたのか。その理由の一つが、まさに「これまでの自民党と違う国のカタチを見せる」ことに執着し、その方向性を巡る考えが対立して収拾がつかなくなったからです。

――政権交代の一番のメリットが「人の交代」であるならば、まずは自分たちがもぎ取った政権を維持することを最優先にすべきでしたね。仮に大きな政策実現ができなくても、自民党を野党でいさせる期間が長引けば、自然に弱体化していったはずです。自民党与党時代の膿《うみ》も出しきれたはずでした。でもそうはならなかった。

橋下　象徴的なのが、米軍の普天間飛行場問題です。すでに自民党政権時代に決まっていた辺野古移設に対して、鳩山さんは「最低でも県外」と突然公言した。

沖縄とアメリカがすでに合意していた現行案が白紙に戻り、しかもその後の交渉をうまく進めることもできず、自らが宣言した公約を反故《ほご》にする醜態をさらしました。自民党との違いを打ち出したいあまり、思い付きで発言し、組織の中でも合意がとれず、対外的な交渉力もなく、実行力がないことを政権交代のしょっぱなに国民に露呈してしまったのです。

まあ、これもある意味仕方がないとも言えます。これまで政権を担ってきた経験がない政治家たちが、いきなり与党になったからと言って、大きな案件を次々に成功させられるはずはない。外交で言えば、これまで自民党が脈々と築いてきた海外とのコネクションのようなものもないのですから。

だからこそ、そこは地道に実直に、まずは目の前の小さな課題から真摯《しんし》に取り組む姿勢を国民に見せなくてはならなかった。自民党時代の膿は出しつつ、彼らが築いた国政の基盤を受け継ぎ、そつなく政権運営を担える手腕をしっかり示すべきだった。

過去二度の政権交代が「与党崩壊型」だったとすれば、国民が一番望んだのは、「この腐りきった運営メンバーを何とかしてくれ！」という願いだったはず。そこに「政策の中身を劇的に変えてほしい」という望みは、必ずしも含まれてはいなかったんです。

そこを勘違いしてしまったところが民主党政権のつまずきだったし、今の野党にも通じるウブさです。

——支持者から自分たちが期待されているのは、自民党とは異なる政策を実現する力だと思い込んでいる野党政治家は多いのでは。

橋下　もちろん、各党とも理想とする国家ビジョンはあるべきです。だけど、夢見るだけなら誰でもできる。子どもだって「こういう国になればいいな」と願えますよね。

本当に大事なのは、言ったことを実現できるかどうかの実行部分なんです。

野党の国会議員は、これまで何かを成し遂げてきた人々ではありません。国会を見ていても、とにかく自民党のやることなすことアレコレ貶《けな》し、自分の理想を声高に叫ぶけれども、国民もバカじゃありません。「口で言うだけやったらなんぼでも言えるやん」と思っている。「そこまで言うなら、あんたらこれまで何を実現してきたの?」と。

政策を実行してきた経験もない口先集団が、思い付きで国家運営をしたり、従前の政権の逆張りをしたりするほど、危なっかしいことはありません。政権交代が実現して、いよいよ自分たちのしたかったことをする段になったら、よほど気を付けたほうがいい。

メディアも良くないと思いますよ。野党に対して「新しい国の将来像を語れ」「ビジョンを語れ」と求めるけれど、国民は自民党と異なる「新しい国家ビジョン」なんてそれほど求めていない。ただ「人を変えてくれ」と願っているに過ぎないんです。逆に「新しい国家のビジョン」なんて語り出すから、口先だけの実行力を伴わない机上の空論に陥ってしまう。

野党は「反対！」するより自らの襟を正せ

――なるほど、では政権運営を担えない野党が、今できることはありますか。現実問題として、「口で言う」しか、できることがないのでは……。

橋下　いやいや、実は、できることはたくさんあるんです。大切なのは、自分たちの本気の姿勢や覚悟を、国民に見せ続けることです。それも口先だけではダメなんです。

特に国民は今、政治とカネの問題に敏感になっています。

国会議員だけ特権を得ているのではないか？　納税もせずに使い道自由の多額のカネを得ているのではないか？

怒りが沸点に達しているのです。

多くの国民は1000円、2000円の物価高に汲々とし、年間数千円の社会保険料の負担増などに家計が圧迫されている。

こんな状況の中、派閥の裏金は数億円単位、国会議員の裏金も数千万円単位、組織活動費や政策活動費は数十億円単位の話ですから、まずは政治とカネのポイントに絞って、野党は口先だけでない、本気の改革姿勢を実際の「行動」で示すべきなのです。

たとえば、国会議員一人当たり年間1200万円の旧文通費の問題や、政党全体で年間300億円を超える政党交付金の扱いについて、自民党の不透明さを口角泡を飛ばして非難するのは簡単ですが、まずは足元の自分たちのカネの流れがどうなっているのかを徹底的にクリアにして、改善すべきところは改善するんです。

僕はかつて大阪で、外郭団体が積み上げてきた余剰金を、すべて返還させたことがあります。元来は税金からなる補助金が積み上がったものです。必要があれば使い、未使用分は自治体に返すのが筋。それをいわば「内部留保」として、各団体が積み増しているのはおかしいと指摘しました。

役所から外郭団体に天下りしている役員らは、みんな怒り狂いましたね。「これは俺たちのカネだ！」と大もめにもめた。おカネは人間関係の潤滑油でもあります。補助金を渡すから、見返りとして天下りの受け入れなど様々な便宜を図ってもらう。その潤滑油をなくすには、相当の覚悟が必要です。

でも「これまで認められてきた」ことを漫然と看過してしまえば、「改革」は断行できません。維新は「身を切る改革」が信条。そこは僕もきっちりと筋を通させてもらった。ところがです。今の維新は政党交付金を何十億円と貯め込んでいますし、国会議員になったら、いつの間にか業界団体から献金を受けるようになっていた。

これまで散々、「企業・団体献金禁止！」と叫んできたのに、「政治連盟は業界団体とは違う」「政治家個人の資金管理団体と後援会は違う」という屁理屈で、カネをもらっていたことを知ったときには驚きました。

実はこの事実は当時代表の松井さんも知らなかったようで、「維新が業界団体の政治連盟からカネをもらっているのを認めたんですか？」と僕が尋ねたら、「え、そんなん知らんわ！」と大仰天。その場で維新関係者に確認すると、その事実が明らかになったもんで、松井さんは怒り狂っていました。その直後に「政治連盟からも献金禁止」となりましたが、やはりカネには魔力が潜んでいるのですかね。あれだけ「企業・団体献金は禁止」と言っていた維新なんですから、その趣旨から考えて、政治連盟からであろうと後援会であろうと、きっぱりと業界団体からのおカネは受け取りを拒むべきだったんです。

それが、「犯罪ではない」「みながやっている」ということで、自分もその利益を受けたくなってしまったのでしょう。

そこをバンと断ち切る覚悟が、野党には必要です。

国家予算から見れば金額は微々たるものかもしれませんが、こういうところから野党は襟を正し、口先だけではない行動による「実績」を積み重ねていくしかないんです。国会議員と言っても、野党政治家には実際に国政を動かすチャンスはほとんどない。だけど自分たちがもらっているおカネの流れを透明化して、自分たちの身辺を綺麗にすることはやろうと思えばすぐにでもできる。

それなのに、「自民だってやっているよ。彼らが正すなら、野党の俺たちも正す」と開き直るようでは、国民の、特に無党派層の支持など得られない。

政策については「是々非々」で良い

――まずは野党が襟を正せ、という指摘はもっともです。では、政策面で野党のできることはあるのでしょうか。

橋下　もちろん「政策が自民党とすべて一緒」では、野党としての存在意義はありませんが、すべて反対というのもおかしい。「是々非々」の姿勢が大切だと思います。

立憲民主党や共産党は、「すべて反対しているわけではない！」「賛成している割合のほうが高い！」といつも言うのですが、法案の数で比べても意味がありません。

国政における法案の数は膨大です。政治的考えに影響されない手続き的な法案もたくさんあるので、当然それらについては野党でも賛成することになるでしょう。

国民が野党の動向を注視しているのは、政治的考えが賛否に影響する重要法案についてです。このような法案になると、立憲民主党や共産党は必ずと言っていいほど反対に回ります。

ここで野党がよく考えなければならないのは、自分たちが「絶対によくない」と思っている法案を自民党が出してきたとして、その自民党の支持率は、野党の支持率よりも圧倒的に高いという事実です。

つまり自民党の出してくる重要法案をすべて否定することは民意を無視することになる。

だから「是々非々」なんです。

「是々非々」と言うと、なぜか世間では日和見《ひよりみ》主義と同じように目されがちです。でも、「良いものは良いものとして賛成する」「悪いものは徹底して反対する」ことが、政治には大切ではありませんか。「自民党のすることはすべて反対！」では国民もうんざりしますよ。「自民が黒と言えば、自分たちは白。自民が右なら、自分たちは左！」という姿勢では、単にマジョリティに反対することが生きがいになっていると見られても仕方ない。「自民だから」とか「野党だから」ではなく、「本気で国民のことを考えている」姿勢が見えなくては、有権者の信頼は得られません。

先ほども述べたように、野党が重要法案において常に批判一辺倒なのは、自分たちが本気で「政権交代」できると思っていないからです。ある意味、「万年野党」であることに胡坐《あぐら》をかいている。そして常に「文句を言う立場」だから、好き放題言いっぱなしになれる。

これがいずれ立場が変わり、自分たち野党が与党の立場に立つ日も来ると想像ができたら、野党はもう少し違う振る舞いをするんじゃないですか。少なくとも自分たちが政権運営の与党として、野党にやられて憤慨するような大義なき振る舞いは、やらなくなるんじゃないですか？

自分がやられたくないことは、自分もやらない。幼稚園で習うことですが、そんな当たり前の姿勢すら、今の主要野党には見られません。それが大きなしっぺ返しとして降りかかったのが、民主党政権でした。自分たちが与党についたとき、自民党からことごとく協力拒否をされたのは、かつて自分たちがやってきたことだったたんです。

もちろん、野党には「政権与党のチェック」という役割があります。政権が正常に運営されているか、過ちや不正は行われていないか、そうした視点から鋭く攻撃する場面も必要でしょう。でも、常に重箱の隅をつつくように、何やかんやとアラ探しをしようとする姿勢は、いただけません。

僕自身、維新の代表を務めていた頃は、みなにこう言っていたものです。

「自分たちが政権与党になったときに、どういうポジションに立つのか想像してほしい。その上で、現在の政権与党と政策論争を行うべきだ」と。

単純な話です。自分たちが政権与党についたときに賛成することは、野党のときでも賛成する。与党の振る舞いとして正しくないと感じることは、自分たちが野党のときでも絶対にやらない。そうした想像力が野党の政治家には必要ではないでしょうか。

そもそも自民党は「保守」なのか？

——しかし、与党も野党も、政策に大きな違いがなくなれば、有権者は何を基準に投票すればいいのでしょう。世のなかには、保守系政党もあれば、リベラルな政党もあります。ポピュリスト政党と呼ばれるグループや、極右・極左政党も世界には存在します。彼らが訴える政策を吟味し、自分が理想とする社会を実現してくれそうな政党を、国民は選ぶわけです。

欧米先進国で二大政党制が実現している国も、政権交代で期待されるのはそこなのでは。現在が保守系与党による政治で偏っていれば、次はリベラル政党に投票しようとなる。バランスを取ることで国家運営はなされていきます。

橋下　たしかにイギリスもアメリカもそうですね。イギリスでは戦後、労働党と保守党の二大政党政治が続きました。戦後の荒廃期には、労働党による社会福祉重視策が人気を集め、しかし、それが行き過ぎた結果、財政難に陥ってしまった。「イギリス病」と呼ばれた経済不況を打破すべく誕生したのが、保守党のサッチャー首相でした。

彼女はこれまでの社会主義的な政策を一気に廃止し、競争を重んじる新自由主義的な政策を断行。そのおかげで経済不況からは脱しましたが、今度は国民の間で格差が拡大、生活苦に陥る人が続出しました。

そこで90年代後半には再び、再分配を重視するリベラル派の労働党が圧勝し、ブレア内閣が誕生したのです。

――橋下さんは本来、二大政党政治が理想と語っていますが、イギリスの二大政党政治はだいぶ振れ幅が大きく、社会的に混乱を招きやすい。ブレグジット（イギリスの欧州連合からの離脱）もそうですが、イギリスでは、政権交代のたびに、これまでの路線と逆行することを繰り返し、国民が振り回されている感があります。

橋下　日本の場合、ここまで振れ幅の大きな二大政党政治を踏襲する必要はないでしょう。そもそも「自民党＝保守」、「立憲民主党＝リベラル」という構図も、今やどれほどのリアリティをもって国民に受け止められているか、はなはだ疑問です。

昨今は若年層が保守化しているという説があります。実際に自民党に票を投じる若者も多い。だけど、彼らは「自民＝保守政党」と体感して票を投じているのでしょうか。

少し前になりますが、17年に読売新聞と早稲田大学現代政治経済研究所が行った調査があります。それによれば、40代以下の世代は自民党と日本維新の会を「リベラルな政党」だと見なし、共産党や公明党を「保守的な政党」だと捉える傾向が強かったんです。

たしかに、自民党はここ数年、憲法改正や観光立国を目指すなど、革新的な政策を打ち出しています。そうした改革を厭《いと》わない姿勢がリベラルに映り、一方、改革に反対する党は、現状維持を是とする保守的な党、と見られているのでしょう。

実際に安倍政権は、「教育の無償化」や「働き方改革」の看板の下に、「残業規制」や「同一労働同一賃金」など、本来リベラル政党が掲げる政策をどんどん実行していきました。こうした姿勢は、バリバリの「保守」と呼べるのか。

ある意味、自民党は非常にしたたかです。圧倒的長期間を政権与党として君臨してきたわけですが、わずか数年ばかり野党に下った経験から、自分たちに足りなかったことをどんどん吸収して学んできた。自分たちが選挙に負けたショックから早々と立ち直り、民主党にあって自分たちにないものは何かを、貪欲に学んでいきました。

そして再び与党に返り咲いたときに、民主党が公約に掲げて人気の高かったリベラルな政策を、シレッと自分たちの政策に取り込んだ。あたかも自分たちのアイデアであるかのように実現してみせたのです。

正直、国民としては、どちらが最初のアイデアマンかなどどうでもいい。むしろ発案だけして実行できない政権より、他人のアイデアでも良いものを取り入れて実現してみせる実行力のほうを評価します。

――それは表現を変えると、「ポピュリズム」と呼べなくもないのでは。自らの信念は脇に置き、大衆が望む政策を実現して見せる党のことです。

橋下　それがポピュリズムと言うならば、「ポピュリズム上等」と言いたいですね。ちなみに僕は政治の世界にいた8年間、ずっと「ポピュリスト」と言われ続けてきました。そう評する人に限って、「ポピュリスト＝大衆迎合主義＝悪」だと決めつけています。

でも民主政治とは本来、国民（大衆）が望む社会を実現することです。もちろん多数派の幸福のために、少数派の不幸を無視していいことにはなりませんが、より多くの人の幸福を目指すのが、民主国家における大原則です。

そうしたときに大衆（国民）の声を聴くことを「ポピュリスト」と断じるのはどうなのか。自分たち（政治家、政治評論家、学者、メディアといったエリート層）こそが、政治の正しい道を知っていて、大衆は無知であると決めつけることになりませんか。僕に言わせれば、そういう決めつけこそが悪です。

日本は国家による情報統制もなく、国民の教育水準も高い。有権者一人一人がしっかり情報収集をして、考え、投票できる国です。あらゆる情報を開示したうえで、有権者が投票した結果を「ポピュリズム」と断罪するのは、民主主義に対する冒瀆《ぼうとく》に等しい。

かつ、「ポピュリズム」と断じた瞬間に、思考は停止してしまいます。むしろ、考えるべきは、そうした投票を国民がなぜしたのか、その背景にはどんな事情や生活があるのかということです。そこをこそ政治家やメディア、学者たちは徹底的に調べて報じてほしい。

２０２４年11月に、米国は大統領選を迎えます。トランプが大統領に再選され、「ポピュリズム政治」が復活するのではと騒がれていますが、大切なのはトランプを支持する人々が置かれている状況です。彼らが何に苦悩し、何を切望しているのか、オバマ元大統領やバイデン大統領が解決できなかった社会的課題とは何なのか。

世界中どこに行っても、百パーセント完璧で、国民すべてが幸せというユートピアは存在しません。必ず現行の政治では幸福になれない層は存在し、それによって得をしている人間もいる。そうしたアンバランスを正し、弱い人々の声や願いを聞くために、選挙というシステムが存在しているのです。

――たしかに過去の「政権交代」時を振り返ってみると、「教育の無償化」なども当初は民主党が掲げ、しかし財源確保などが課題になり頓挫しかけたのを、自民党が復活させました。

橋下　「節操がない」とか「ポピュリズム」とか批判するよりむしろ、評価すべき点だと思いますけどね。「政権交代」は、これまでの自分たちのやり方がよろしくないと、国民から厳しい裁断を下されたということ。保守に偏れば、次はリベラルに、大きな政府に偏りすぎれば、今度はもう少し小さな政府を試してみる……。

政権交代を繰り返すことで、左右の振れ幅は次第に小さくなり、徐々に中道に収まってくる。そうなれば各党の政策の中身が似てくるのが本来の在り方です。

「政権交代」で有権者から否定された与党は、野党に転じたのちに、自ら分析することで、自分たちの政策を軌道修正して、次回の選挙に活かさなければなりません。それはすなわち政権をもぎ取られた相手政党の政策に近づくことでもあるんです。

加えて僕らは世界中の歴史や、政治の姿を学んできています。極端な右、極端な左に振り切ったらどうなるのか、多くの事例を見ています。そうした学びからも、各政党の主張のうち極端な政策は排除されていくのではないでしょうか。

野党は真の「価値観の多様性」を受け入れろ

――本来、自分たちが理想と考える政策の王道ではないが、国民から望まれているものは、柔軟に取り入れて我がものとする――。そのあたりの行動力が、自民党にはある。野党が学ぶべき点かもしれません。

橋下　野党は「多様性」というキーワードを、いま一度見つめ直したほうがいいでしょう。彼ら自身よく「多様性のある社会を」「インクルーシブな社会を」と言いますが、その言葉の意味をどれだけ理解して実践しているのか。

これまでどれほど多くの野党が誕生しては消え、分裂してはくっつき、再び分裂し、新党が結成されてきたことか。結党以来、脈々と続いてきた自民党との大きな違いです。

先に僕は新党乱立の状態を、多様な価値観を認める日本らしさと肯定的に捉えましたが、「多様な価値観」は口で唱えるだけでは意味がありません。立場が異なる人々が共存しなければ、それは口先だけの「多様性」になってしまう。

今も世の中には、たくさんの社会問題が未解決なまま棚上げされています。たとえばLGBTQなどのジェンダー問題もあるし、経済格差、教育格差の問題もある。夫婦別姓の問題も。いずれも旧弊な頭の固い自民党だけでは、なかなか前進しない問題ばかりです。

でもここで自民党がすごいのは、こうした課題において真逆な意見を持つ人々をも党内に包括し、存続し続けていることです。

原発問題にしても、自民党の中には原発推進派もいれば、反対派もいます。一般ドライバーが有償で人を乗せる「ライドシェア」も、自民党は賛成派と反対派に分かれています。各グループで勉強会を行い、侃々《かんかん》諤々《がくがく》の議論をしています。

自民党内で、真逆に対立する意見が併存していることはすごいし、もっとすごいのは、そうした多様な意見があっても、いざ党全体として最終決定が出れば、反対派もそろってその結論に従うところ。とにかく最後はまとまる。

これって民主主義の大原則だと思うんです。どんな意見が出てもいい。自分の意見と同様に他者の意見も聞く。そして最後、組織として決まったことには、従う。

ところが一方の野党はどうか。新党乱立という現状を「多様性」の表れとすれば聞こえはいいけれど、実際は「政策の不一致」が少しでも見られれば、すぐにケンカ別れして新しい党をつくってしまう。その結果、小さな新党が次々と生まれては、それぞれの主義主張を声高に唱えるだけで、一致団結して力を生み出すことができない。

これではもったいないし、日本の野党の一番の弱みですね。

「ブレない意見」も大事だけど、他者の意見を認めなくなってしまったら、それは「多様性」とは真逆になってしまう。民主党政権がわずか3年で瓦解したのも、そうした異なる意見を認めない狭量な姿勢が、関係していたと思います。

――たしかに、「多様性」という意味では、意外にも自民党は内部に多様な意見を持つ人材を包括しています。その「多様性」は、ときに驚くほどの行動を見せることも。

第一次「政権交代」で野党に転落したときの自民党もそうでした。長年の宿敵、社会党に総理の椅子を差し出し、連立を成功させて与党に返り咲いた。

94年の村山政権誕生は、自民党のしぶとさ、強さの象徴です。

下野という屈辱的な状態でも、自民党がバラバラになることはなく、なりふり構わずの体《てい》で再び政権奪取を果たしたのは、さすがと言うか、なんと言うか……。

橋下　その融通無碍《ゆうずうむげ》さが自民党の真骨頂です。よく言えば協調・歩み寄り・進化、悪く言えば打算・妥協の産物とも言える。こうした柔軟性が、自民党の長期政権を可能にしてきました。社会の変化、世論に応じて右に行きつ左に戻りつ、とにもかくにも前進していく。

以前、国民民主党の玉木雄一郎さんが語っていた言葉が的を射ていました。

「自民党は違った意見の人でも、10のうち1の一致点があれば飲み込んで一緒にやっていく。そこに強さの源泉がある。対して野党は10のうち9が一致していても、たった1つの違いでみんなケンカ別れ。これでは勝てるはずがない」と。

これに激しく同感する僕も、政治家をやっていた頃は「政策と理念の一致」を言い過ぎていたと反省しています。政治的にケンカ状態にある相手に対しては、徹底的にやり込めようとしてきたし、勝てばそれがすべてだと思ってきた節もある。

でも、それを続けていても、絶対に自民党に伍するような大きな力は持てないんですよ。意見が異なる相手でも、相通じるところがあれば手を携え、共に歩む。相手をフォローしながら吸収していける懐の深さを、野党も学ぶべきです。

まあ僕が言えた義理ではないんですが（笑）、あくまでも自身の失敗から得た教訓です。

もしかしたら、それは烏合《うごう》と紙一重かもしれないけれど、異なる意見から学べることも多いはず。有権者の意見は、多様性の塊です。自分と違う意見の人間は排除する……では、永遠に支持率一けたから抜け出せません。

――ずいぶんと自民党をほめることになりました（笑）。

橋下　やはり、野党は「敵」の強みから学ぶべきだと思うからです。自民党を蛇蝎《だかつ》のごとく忌み嫌い、俺は違うと虚勢を張り、一匹狼の戦国時代を生き抜いているつもりでも、国民は「乱世」を求めてはいない。やはり日々の生活は安定的であってほしい、未来も安全であってほしい。政治に博打《ばくち》は求めていないわけです。

自民党から学ぶべきところは学び、ある程度自民党の政治方針を踏襲する。しかしそれを運営する顔ぶれをガラッと変えることの意義を国民に徹底して説明すべきです。

――今の野党に、あと何があれば、国民から信頼されるのか、「打倒自民」の受け皿となりうるのか、次章で詳しく見ていきますが、現時点でポイントだけ教えてください。

橋下　今の野党に欠けているもの、それは大きく二つです。

一つ目は、先にも述べたように、「徹底して自分たちの襟を正し、行いを見直すこと。口先だけでなく行動で示すこと」。自民党の裏金問題を激しく追及しておきながら、自らの党でも不透明な政治資金を扱っていた、なんてことでは国民は信頼してくれません。

二つ目は、「実行力・組織力」です。野党の国会議員が国政においてできることは多くありません。だから現状「口先ばかり」になっているわけだけど、目線を地方行政に転じれば、自らが理想と考える政策を実行できる余地は無限大に広がっている。

国を変えたいならば、まずは地方政治・地方行政から変えてみよ。

これが僕からの提言です。地方自治体は山ほど課題を抱えています。住民に近い存在だからこそ、国民の考え、要望、感覚がダイレクトに反映する。ある意味、国家の縮図が地方自治体です。

だから維新が大阪でそれをやったように、野党はまず地方で実績を積むのです。

地方自治体の課題に一つ一つ向き合い、政策を実行することで住民の生活を実際に少しでも良いものにしていく。そんな口先だけではない改革を地道に積み重ねていけば、支持率は確実に高まっていくはず。

そして地方で実際に自分たちの生活を変えてくれたとなれば、次は国政も任せてみようかとなるでしょう。

支店の経験をすっ飛ばして、いきなり本店のトップをやらせてくれでは、やはり説得力は生まれません。まずは地方で小さな努力を積み重ね、政策を実行することで、人々の信頼を勝ち取っていくしかないのではないでしょうか。

今の野党国会議員は国民からは口先集団と見られてしまっているのです。そこに野党国会議員は気づくべきです。

第五章 僕が生んだ「維新の会」が果たすべき役割

「第二自民党」「改革自民党」と
呼ばれたって構わない。
維新スピリットはとにかく「政策実行」。
国政維新が野党第一党を目指すのは間違っている。

大阪で「政権交代」を実現した維新の会

――野党はまず、地方の政治行政で実力を示すべきという話が出ました。

そこで改めて注目したいのが「維新の会」の存在です。2010年に結成された地域政党「大阪維新の会」は、今や地方行政において強烈な存在感を見せつけています。

その後、紆余曲折を経ながらも「日本維新の会」を結成、国政に進出しました。異形の政党の歩みを振り返り、これからのヒントを見つけたいと思います。

橋下　よく「維新の会の政策は与党なのか、野党なのかわからない」と言われます。挙げ句「よ党」と「や党」の中間で、「ゆ党」なんて揶揄《やゆ》されたりもします。共産党なんかも、「維新は自民党の補完勢力だ」なんて言いますしね。

でも現実を見てくださいよ。現在、大阪の政治において、自民党を壊滅状態にさせているのは維新です。大阪では衆議院小選挙区は自民党ゼロ。わずかに二人ばかり比例復活しているくらい。

これが本来の野党の姿ではありませんか。地方の政治行政において、実力で自民党から与党の座を奪取したんです。全国的には自民一強の時代でしたから、これは与党崩壊型の政権交代ではなく、野党の実力、すなわち政策実行型による政権奪取です。

でも、これは維新だからできた、というものではないと思っています。他の野党でもやる気さえあれば、十分に可能なはず。

――おそらく維新の政策や、橋下徹という人物に対しての評価は、大きく二つに分かれると思います。「橋下徹は大嫌いだ！」と言う人も少なくありません（笑）。それでも「実際に改革をやってみせた」という実績は大きく、その手法から学べることがあるはずです。

橋下　もちろん僕や維新が何から何まですべて正しいと言うつもりはありません。だけど地方の政治行政で実行力を見せずして、有権者が共感してくれないのは事実です。何の実績もないのに、「国政を任せてくれたら、自分たちはやります！」という言葉を信じる有権者は多くはいません。特に無党派層では。

今の野党は勘違いしています。自分たちの支持層のみに向けてアピールしようとしている。また維新や国民民主は自民支持層を奪おうとしています。

しかし維新や立憲民主の支持層は国民全体からするとごく少数だし、今の自民党に愛想を尽かしている層も限られている。圧倒的に多いのは「支持政党なし」の無党派層です。

野党はこの無党派層を惹きつけることを戦略にすべきなんです。

無党派層を惹きつけるという点では、僕だって政治家時代に口先だけの振る舞いしかしなければ、あそこまで維新を大きくすることはできなかったと思います。曲がりなりにも大阪府政、市政で政策を実行して、「橋下や維新はなかなかやるな」と感じてくれた人がいたからこそ、僕らを応援してくれる人が増えていったんだと思います。

いま岸田政権は崩壊しつつあります。有権者が現政権に募らせている不満を受け止めるだけの力量が野党にあるかどうか。その実力を有権者の目の前で示すための舞台が、地方の政治行政の場だと思うのです。

――地方自治体で首長となり「改革」を起こそうとする人は、橋下さん以外にもいます。でも、橋下さんが見事だったのは、大阪府知事・大阪市長を任じただけでなく、政党をつくり、仲間の議員を増やし、実際に議会の多数派を取り、行政を動かす力を得たその行動力です。

実はこうした動きは、日本の政治史の中でもあまり多くはありません。全国各地で革新的な首長が登場しても、そのほとんどは議会を率いることができなかった。トップがいくら改革路線を叫んでも、既得権益側に回った議会により、その提言がことごとく否決されるというケースが多かったように思います。


橋下　今そのように評価してくれることはありがたいですが、当時は、批判の声一色でしたね。特に政治行政のプロを自任するメディア関係者、政治評論家、学者の類は、「首長と議会が一体化することは独裁につながる!!」と言い続けていました。専門用語の「二元代表制」（首長と議会が別個独立に有権者から選ばれる制度）というワードを振りかざして、「橋下は二元代表制をぶち壊して独裁者になるつもりだ！」とね。

その人たちは、首長が改革を断行しようとしたときに、議会に阻まれる弊害のほうにはまったく目を向けていなかった。

確かに首長が議会を率いれば二元代表制を壊すリスクはある。しかし首長と議会が対立すれば改革が進まないリスクもある。今の大阪の政治行政ではどちらがマシなのか、という判断をしなければならないのに、専門家たちはそれができないんですよね。

僕は彼ら彼女らの批判を振り切り、今、大阪の政治行政に必要な視点、よりマシな視点で、首長が議会を率いる道に邁進しました。

ただこれは言うのは簡単ですが、実行するのは苦難の連続でした。

仮に野党の首長が選挙で選ばれても、次の選挙では再び自民党の首長が復活するかもしれない。だとすれば、いま下手に改革路線に同調しないほうが身のためだ。そう思う議員や役所は、ポッと出の野党首長には従いません。「お前、あのとき裏切っただろう」と、あとから言われるのはみな嫌ですから。

たとえば実際に政治行政が変わる「結果」を示した首長の実例としては、兵庫県明石市の前市長、泉房穂さんがそうでした。「子育て支援策」を主軸に明確な指針を打ち出して実行し、明石市に移住する子育て世帯が増えました。彼は「結果」を見せたのです。だからいまだに彼の人気は高い。歯に衣着せぬ言動から、敵も多いようですが（笑）。

ただ残念ながら彼には「組織的な政治力」が欠けています。一人のカリスマの発言力だけでは、やはり政治を動かし続けるのは難しい。マジョリティの既得権益サイドにいずれは足を引っ張られ、議会もうまく回らなくなってしまいます。

自分と理念を共有し、改革政策を断行してくれる仲間の議員を増やしていかないと、日本の議会制の中では「改革」の継続が難しい。あるいは政党という形で仲間を増やしていかないと、その改革路線は全国に広がっていきません。

泉さんは明石市長をやめた後、いくつもの選挙で応援演説をされ、その候補者を当選に導きました。兵庫県三田市長選挙や、岩手県知事選挙に東京都立川市長選挙、埼玉県所沢市長選挙など。いずれも非自民候補を応援して当選に導いており、これは見事な成果です。

だけど残念ながら「組織力」がない（政党がない）から、いくら理念を共有する仲間が増えても、それが全体として大きな政治力を発揮するところまでいかないんです。これはたとえるなら「個人商店」の集まりのようなもの。会えば意気投合して理想も語り合えるけれど、実行力、政治力を持つ組織になれない。これでは政権交代する力は絶対に生まれません。

一方、いま維新の会からは、首長が大阪府内だけでも20人以上誕生しています。彼らが大阪維新の本部に集まれば、どうなるか。一致団結して課題に立ち向かい、皆で「この政策を実行しよう」と行動に移すことができる。これが強烈な政治パワーになるんです。

一人の政治家が持てる力は限定的です。その政治家の選挙区の有権者の心しか摑めない。

だけど政党という組織になれば、選挙区をまたいで「うちでもそうした政治行政を実現してほしい」と仲間や有権者の支持を増やすことができます。このようにきちんと組織化することが重要で、そのことで実行力を生むことができる。

それが「維新の会ならやってくれる」という幅広い有権者からの期待になるんです。その輪が全国区で広まれば、より大きな改革へのエンジン、政権交代の原動力となります。政治は口先だけや、一個人の力だけでは動かせません。政策を実行できる仲間を増やし、組織化しなければ大きな岩は動かせないのです。

先ほどの泉さんが当選させた首長ですが、その後、当初掲げていた目玉政策が中断した事例もあります。三田市長は泉さんと共にあれだけ公立病院の再編について中止を唱えて当選したのに、当選後は現実的には当初の再編案がベターだと理解したようです。ここは泉さんが市民の感情を煽っただけで、政策の中身についてしっかりと吟味していなかったのでしょう。またその他の当選した首長も仲間を組織化できておらず、今のところ大きな政治の力を生み出せていません。

異形の野党「維新」はなぜ生まれたのか

――ここで改めて「維新の会」誕生の経緯を見ておきましょう。維新が躍進した原動力を知ることは、他党にとっても参考になるはずです。

まず「維新」誕生前夜に時計を戻しますと、実は大阪維新の生みの親は、橋下徹でもなく、松井一郎でもなく、自民党だったという見立てがあります。これは橋下さん的にどうでしょう。

橋下　おっしゃるように維新の会の原型は、09年に結成された「自由民主党・維新の会」です。松井さんたち元自民党大阪府議会議員の実力者たちが改革勢力となり、大阪府議会の自民党を割って、維新の会を結成したことが源流です。

もっとも当初のメンバーは、松井さんはじめ6名しか集まりませんでした。弱小も弱小、吹けばすぐに飛ぶような集まりです。そこから松井さんが一人一人、議員を説得しながら、1年かけて大阪維新の会の原型ができあがったんです。それでもメンバーは20名ちょっと。

そこから選挙に次ぐ選挙で、少しずつ仲間を増やしていきました。

今の維新国会議員団の中でこの源流にいたメンバーは、浦野靖人衆議院議員の一人だけです。今は日本維新の会の代表である馬場伸幸さんや幹部の井上英幸さんも、当時は維新と対立する敵方自民党所属議員でした（笑）。


――さきほど「自民党が生んだ」と言ったのは、少しニュアンスが異なります。「維新の会」誕生の背景を知るには、08年にまで遡らなくてはなりません。当時は自民党の福田康夫政権で、選挙対策委員長は古賀誠さん、そして選対副委員長は菅義偉さんでした。当時の自民党は小泉内閣が終わり、第一次安倍内閣が発足するも、当の安倍さんが体調不良で政権を投げ出し、「強い自民党」の座がグラグラと揺らぎ始めていた頃。

このままでは政権を維持できず、民主党に奪われそうだという危機感のなか、自民党トップが考えたのが「野党分断」の作戦でした。自民党の地位を守るために、政局的に野党を分断するための新勢力をつくる。自民政権に対する批判票が野党第一党である民主党に集中しないように、新たな野党に票を分散させる。

極めて自民党らしい、老獪《ろうかい》な政権維持戦略の結果生まれたのが、「維新の会」でした。その背景には菅義偉さんがいて、松井さんと安倍さんとを繋ぐ重要な役割を果たしていました。

もちろん「維新の会」発足以降の快進撃は、橋下さんや松井さんの実力が大きかった。当初の自民党の想像をはるかに上回る規模で、成長し続けてきたのは、みごとの一言に尽きます。ただ、それでも維新がピンチに陥るたびに、自民党・安倍内閣の中枢にいた菅官房長官が、陰に陽に維新を応援してきた構図はあると思います。

橋下　ものすごいストーリーですね。永田町にはそんな陰謀論が存在していたのかもしれませんが、僕たちが大阪で見ていた風景はまったく違います。さすがに腹が立つので（笑）、ここで語らせてもらいましょう。

大阪維新は大阪において、とにかく政策実行に異常なまでこだわった。というよりも僕は、政策も実行できないのに政治家であり続けることに、何の意味も見出せなかった。

僕のこの思いに共鳴してくれたメンバーで維新の核が形成され、その熱量は凄まじかった。だからこそ、実際の政策の実行によって大阪が変わっていくさまとともに、この維新の熱量も有権者に伝わり、当時一強の自民党すら壊滅に追い込むほどの支持を有権者から得たのだと自負しています。

口で言うのは簡単だけど、首長を獲り、議会を制するために、当時どれだけの行動を起こしたか、今の維新国会議員ですら知る人は少なくなってしまいました。

熱量は伝播する

橋下　僕が大阪府知事時代、首長選挙に乗り出したのは、09年9月の堺市長選が最初でした。

当時大阪府政の大改革を断行し、知事2年目を迎えて有権者が強く支持してくれているという実感がありました。

しかし、府議会はまだまだ改革に抵抗してくる。いよいよ議会を含め、ひとつの「改革政治グループ」をつくる必要性を強く感じるようになりました。

改革というものは、いくら口で叫んでも、実行できなければまったく意味などないんです。改革を叫ぶだけの首長は世にごまんといたけれど、その人たちはすべて無責任なコメンテーター（僕も今はそうですが）か学者のような「きれいごと」を言うだけで満足しているように見えた。いわゆる「口だけ改革派」ですね。

しかし改革は断行してなんぼ、政策は実行してなんぼなんです。そのためには政治力が必要だし、勢力を増やさなければいけない。当時、府議会において松井さんが改革派勢力をつくることに取り掛かり始めましたが、まだ6名の少数勢力だった。松井さんの人間力だけに頼るのではなく、やはり選挙で勝てる政治力が必要だと考えました。

だから、09年の堺市長選挙で勝負に出たんです。

当時の堺市長は自民党から野党まで与野党相乗りで支援を受けている盤石の状態でした。しかし、大きな改革を生み出していく迫力には欠けているように見えた。

僕はその一点を突きにいったんです。

その一ヵ月前には、国政で民主党が政権交代を果たしていた。つまり日本中に「政治を変えよう」という強烈な突風が吹いていたんです。

この風を拾わない手はない。ここでグダグダしていては二度とチャンスをものにできない。国民に政治を変えようという風が吹いているなら、そこにすべてを懸けて勝負するのが、野党的立場にある政治家の行動原理だと思っていました。

勝負に出ると決めたものの、こちらの候補者は直前に出馬を表明した大阪府の職員。つまり僕の部下。堺市では何の政治力もありません。

相手は余裕しゃくしゃくの状況でした。このときの相手陣営には、当時自民党堺市議会の重鎮だった現代表の馬場さんや、当時自民党大阪市議会重鎮だった現幹部の井上さんたちもいた（笑）。

僕はこの堺市長選挙で負けたら、府議会で全政党に頭を下げて謝り、それで許してもらえなければ知事を辞めるつもりでした。

人間、辞める覚悟ができたときほど強いものはありません。その地位になんの執着もなくなるので、誰に気を遣うこともない。

もう自分の持てるものを全力で注入するだけです。

僕は知事職を遂行しながら連日堺に入り、単なる街頭演説だけでなく、堺市の路地裏一つ一つに入り込み、視界に入った人とは全員握手するという方針で駆け回りました。毎日毎日、体力の限界までやって、家に戻ると極度の疲労から体が丸まった状態で硬直しました。ダンゴムシの状態です。

もちろん当初の世論調査ではこちらが圧倒的に不利。敵方の馬場さんや井上さんはさぞ余裕だったことでしょう。

――相手は与野党相乗り候補であり、マスコミもそっちが勝って当たり前、と普通は考えますよね。

橋下　しかし熱量というものは、伝播するんです。そして誰が保身に回っているかも、有権者には伝わる。これは今でも僕が確信している選挙の原理原則で、この堺市長選挙で確信したものです。

街頭演説や道行く人々との握手では、具体的な政策などを細かく語る時間がない。だから「大阪の政治を変えたい、一度任せてほしい」という思い、熱量を発することだけに懸けました。

地盤も看板もカネもない。組織もない。そんな僕たちの陣営が、自民党から共産党までの既存政党を相手に戦っているという構図にも、多くの有権者が反応してくれたんでしょう。でも一番大きかったのは、国民が政権交代を求めた風がまだ止んでおらず、そのワンチャンスを的確につかむという「タイミング」だったと思います。

世論調査の状況が、日を追うごとに変わっていきました。

僕らが直接接したのは、堺市民全体の約80万人からすると、ごくわずかだったと思います。

でも不思議なもので、熱量は本当に伝播するんです。

僕が鬼の形相で、あらゆる辻で「政治を変えたい」と訴える姿を、路地の一つ一つを駆け巡って出会う人全員と握手する姿を遠目に見ていた人たちが、僕から感じた「熱」を周囲の人に話す。そしてそれを聞いた人たちが、またその雰囲気を周囲に伝えてくれる。そうして、どんどん熱が伝播していったんです。

選挙における熱伝播——科学的に実証されるものではないでしょう。でも僕は8年間の政治活動で、その存在を確信しました。

だから野党国会議員が自分の選挙以外で、他の候補者を応援するために選挙期間中だけちょこっと政治活動をしたり、周囲のお膳立てで選挙カーに乗っかって、車上からマイクを握ってカッコよく訴えたりするだけの姿を見ると、ぬるいなあと思ってしまう。

しかも選挙カーの上でマイクを握るまでは幹部然とした態度で、ビラ配りをしたり路地裏の一つ一つを這いずり回ったりすることもない。

そんなカッコいいだけの楽な選挙運動は、よほど名が通って、ひとこと喋れば国民が動いてくれるような大政治家になってからの話でしょう。

今の野党国会議員にそんな大物はいません。

国会議員は自分の選挙区では、熱量を発する選挙運動を展開しているんです。自分が当選するためにそりゃ必死です。

重要なのはそれと同じ熱量を、自分の選挙以外でも発することができるかどうかです。

話を戻すと、この堺市長選挙は終盤に僕らが逆転し、僕らの陣営が勝利を収めました。

その結果、松井さんの人間力もフルに発揮されて徐々に仲間を引き込み、松井さん率いる大阪維新が形成されていくことになる。僕も頭を下げながら、馬場さんや井上さんにも大阪維新に入ってもらった。

その後は同じような、熱量全開の選挙につぐ選挙で勝利していくことになる。辻、辻の演説、街頭演説、タウンミーティング……知事業務の合間にいったいどれだけの量をこなしたでしょうか。選挙活動は質も重要ですが、量のほうが圧倒的に重要なんです。

維新も含めて今の野党が強くならないのは、そもそも運動量が決定的に欠けているからです。国会議員は自分が当選するために自分の選挙区でしか普段は頑張らないし、飲みニケーションが重要だと言って永田町での飲食に時間を割く。

いま野党国会議員がやらなければならないのは、ターゲットを絞った選挙区において野党単独で首長を獲るための莫大な政治活動です。永田町で飲み食いしている時間があるなら、首長を獲るために血反吐《ちへど》を吐きながら這いずり回る政治活動を行うべきでしょう。

この堺市長選挙から1年半後の統一地方選挙において、大阪維新は府議会で過半数を制し、大阪市議会、堺市議会では第一党となりました。そしてその半年後の府知事、大阪市長のダブル選挙で両方とも勝利したんです。

今の維新幹部で、この過程を維新側で最初から最後まで経験しているのは、浦野靖人衆議院議員だけです。奥下剛光衆議院議員も僕の秘書という立場ですべて見ていました。

浦野議員や奥下議員にはもう一度維新の成り立ちを、その熱量を、風をつかまえるワンチャンスの重要さを、維新のメンバーに伝えてもらいたい。もっと言えば立憲民主党も含めた野党国会議員に伝えてもらいたいですね。

55年体制という「茶番劇」をぶっ壊す

――久しぶりに、とてつもない熱量で相手を論破しようとする橋下節を聞きました（笑）。

たしかに、自民党が永田町の論理で維新をつくったと言うのは、言い過ぎですね。自民党には思惑があったかもしれないけど、橋下さんと松井さんがその想定をはるかに超える強い地域政党をつくり上げたのは、間違いない。

一方で後年、安倍政権が「選挙に勝つために」維新を利用しようとしたことは、陰謀論ではなく歴史の事実だと思います。

安倍さん得意の「民主党政権の悪夢」を有権者に訴えることで、民主党系への支持をとことん抑える。加えて「維新の会」という強力な第三極もつくり上げたことで、さらに反自民有権者の票は割れる。

だからこそ維新に逆風が吹いたとき、菅さんは維新を守ろうとしてきたのです。維新を守ること、それはすなわち、自民党を守ることにもつながるからです。

ところがこうした力学は、安倍さん亡きあと消滅していきました。菅政権も終わり、今や維新設立者である橋下さんも松井さんも、第一線を退かれています。第三極である維新を使うことで旧民主党勢力を牽制するという、安倍政権時代の必勝方程式も崩れました。

今は、むしろ力をつけすぎた維新を、自民党は疎《うと》み始めています。地方で台頭し、さらに国政にまで乗り出してきて、このままでは飼い犬に手をかまれかねません。

こうした流れを見ていくと、ひょっとしたら今後、「維新包囲網」を旗印に、自民・公明・民主党系が連立をするという可能性すら出てくるのではないでしょうか。

実際に京都市長選などで、それが起き始めています。「維新＝竹中平蔵的新自由主義」という構図を訴え、有権者の不安感や危機感を煽《あお》り、維新を外す。それが野党同士を結束させないための方便となっています。


橋下　僕に言わせれば、自民党のそんな思惑にまんまと乗る野党がアホなんです。

たとえば立憲民主党は、自民党と維新とどちらが嫌いかと言えば、たぶん維新のほうが嫌いです。共産党ですら、同じ野党の維新より、自民党のほうがまだマシだと感じている。それだけ維新という存在は、かつての「55年体制」を今もひきずる日本の政治、永田町において、アンチテーゼ的存在なんだと、むしろ感慨がわいてきます。

実際、僕が政治家をやっていた時代には、大阪の街角で同じ街宣車の上に民主党（当時）の辻本清美さんと自民党議員が立っている姿を見ました。自民党の議員と共産党の議員が手をつないで万歳している姿も。みなそろって「維新を倒せ！」とやっている。

これこそ「万年与党」の自民党に寄り添って、「万年野党」で良いとなれ合ってきた野党の姿そのものですよ。

――維新の馬場代表も、「立憲（民主党）を叩き潰す」などと、対立姿勢を鮮明にしています。橋下さんは、馬場さんともまったく違うスタンス、ということですね。

橋下　叩き潰す、自体はいいんです。その先が「野党第一党になるため」だったら、間違っている。野党がお互いに潰し合うのは、衆議院総選挙で与野党一騎打ちに持ち込む、その一点のため、政権変容を起こすためであるべきです。

55年体制という、万年与党と万年野党の茶番劇。

この構図を維持することで一番得をするのは自民党だと、今の野党は気づいていない。もしくは気づいていても、自分たちのプライドを優先して、たとえば維新よりマシという理由で地方の首長選挙では自民と手を組んでしまう。

僕は「55年体制」的ではない、新たな与野党の対決のやり方を生み出したい。「自民」vs.「野党」というよりむしろ、「既存政治」vs.「新しい政治」という対決構造を生み出したいんです。

大阪維新は、自民党がいわば分裂してできたような政党ですし、その意味では、「第二自民党」と称するのでも僕はいいと思っています。あるいは「新自民党」でも「改革自民党」でも構わない。

その意図はすでに話したとおりです。「政治の方向性としてはだいたい自民党と同じでいい」。だけど重要なのは「人が変わることで、政治は前進する」ということ。腐敗しきった政治行政でも、運営メンバーが変われば膿が出ます。これまで既得権益に阻まれてできなかった改革が、しがらみのないメンバーが入ることでできるようになる。

維新は、それができることを大阪で証明しました。

立憲民主でも国民民主でもなく、維新だけがそれをやってきたんです。

だからこそ、「政権変容」においても維新が果たすべき役割は大きいと僕は思っている。

現執行部と考えが異なる部分もあるかもしれないけど、次章からいよいよ、具体的な戦略論に入っていきましょう。

第六章

次の総選挙を「政権変容選挙」にするための超具体的提言

政権変容のカギを握るのは
無党派層。そのためには左右の
イデオロギー対決ではなく、
カネにキレイかどうかの「新旧対決」に持ち込む。

無党派層を動かすには何が必要か

――日本政治の振り返りと現状分析が終わり、準備が整いました。いよいよ、「政権変容」の具体論に入っていきましょう。

来《きた》るべき次の衆議院総選挙において、野党に必要な戦略は何でしょうか。

橋下　まず主要な野党はどこもかしこも、自分たちの政党支持層に向けて必死にアピールをしています。しかし、先に述べたように野党各党の支持率など、所詮は一けた台。自分の支持層に向けて改めてアピールしたところで日本全体は動きません。

むしろ狙うべきは6割を超える無党派層。そして自民党に愛想をつかして離れていく人々です。そこに刺さる戦略を野党は意識しなくてはなりません。

「自分の支持層向けのアピールではなく、自分たちに無関心な層へのアピール」

野党各リーダー層が頭を切り替えなければならないしょっぱなのポイントはここです。たいがいの政党のトップは、自分たちの支持層に受けることを一番に考えてしまいますから。

特に維新の会は、関西では自民党を上回る圧倒的な約20％超えの支持率があります。それなのに全国平均になると一けた台に沈んでしまうということは、関西以外の支持率は驚くほど低いものだと推察できます。

——野党各党は、そもそも「狙うべき層」を間違えている、と。

橋下　これまで言ってきたことを踏まえ、今、野党に追い風を吹かせるために必要なことを整理すると次の三つが特に重要です。

①徹底して自らの襟を正す行動をとること
②地方行政で実力を示すこと
③「左右対決」ではなく「新旧対決」に持ち込むこと

まず①「徹底して自らの襟を正す」ですが、いま僕が心配しているのは、自民党の裏金問題がブーメランとして野党に返ってこないか、ということ。口角泡を飛ばして自民党批判をしていた自分たちが、実は同じ穴のムジナだったことがバレる瞬間ほどみっともないことはありません。

パーティー券を、いつ誰に何枚売ったのか、その枚数と収入金額は合っているのか。こうしたところについて、野党は大丈夫かなと不安になってくるんです。

僕は今回の自民党の裏金問題に関しては野党にしっかり自民党を追及してもらいたいけれど、たとえば旧文通費の問題に関しては、立憲民主党などは自民党と同じく領収書を公開していません。彼らは「自民党が公表しない限り、自分たちだけが公表すると不利になる」と言いますが、そんな言い訳、国民にはまったく通用しませんよ。

「なんだよ、結局アンタらも同じかい！」となってしまう。

維新だって、政策活動費という領収書公開不要のおカネを扱っています。そうなると、国民からすると「自民と何が違うのか？」となってしまう。「結局、目くそ鼻くそやん」と思われても仕方がない。

僕は維新に対して、「旧文通費だけでなく政策活動費についても領収書を公開すべきだ」

と以前から提言していました。それに対して維新から返ってきたのは「組織には領収書を公開しないで使えるカネも必要だ」というロジックでした。それでは自民党と同じです。「カネの流れがクリーンでない」ことが現在の自民党批判の核になっているのに、野党が似たり寄ったりのカネの使い方をしていたら、まったく説得力が生まれない。

ここは潔《いさぎよ》く、「スミマセン！　これまでは領収書を公開していませんでした。でもこれからは、自分たちが率先して開示します。おカネの流れをより透明化した政治を目指します！」と言うべきで、この姿勢こそが無党派層を惹きつけるカギになると思います。「自民＝旧弊の政治スタイル」vs.「維新や立憲＝国民と同じ金銭感覚の新しい政治スタイル」という違いが明らかになり、有権者に向けた強力なアピールになるはずです。

――こちらが多少流血してでも、「自民党をやっつける！」覚悟を示さなきゃならんと。どちらが本気か、腹を括《くく》れるかの真剣勝負は、国民の関心を高めますね。

橋下　野党にそのセンスと嗅覚、覚悟があれば、今は本当に大チャンスが訪れているんです。自民党は政治とカネの問題で自壊状態。それに加えて岸田政権の経済政策メッセージもボロクソに批判されている。

税収の上振れを国民に還元すると言っておいて、実は他の予算にもう全部使ってしまっていたとか、国民に実質負担のない形で子育て支援の財源をつくると言っておきながら、蓋《ふた》を開けてみたら医療保険料を上乗せしますとか……。自分たちは国民に開示しないお金を何千万、何億と使いまくっているのに、生活の厳しい国民の負担をどんどん増やしていく。

政治家が扱うカネの動きは、有権者がいま一番過敏になっているところです。ですから政治とカネの部分で徹底的に透明化する姿勢を示せなければ、「やっぱり野党政治家も信用ならん」となりますよ。

――②の「地方行政で実力を示すこと」は、先の章で見てきたような、大阪における維新の実績が一つのモデルです。「政権を任せてくれ」と野党は口々に国民に訴えるけれど、「本当に任せて大丈夫なの？」「あんたら国政を動かした経験がないじゃないの」という有権者の不信感を払拭するためには、まずは地方で実行力を示せ、と。

橋下　就活生にとっての履歴書、アーティストにとってのポートフォリオみたいなものです。「自分を採用してください！」と手を挙げる学生が、「これもできます」「あれもできます」とアピールしても、「本当にできんの？」と疑われるのは当然です。そこで実際に経験してきた具体的なエピソードや、失敗から学んだ気づきなどがあれば、採用者は相手が口先だけではないことを理解できます。アーティストも自分でつくり上げた作品をそこに提示すれば、説得力は増すでしょう。彼ら彼女らにそのような経験があるならば、「仕事を任せてみようか」ともなるはずです。

このような履歴書、ポートフォリオに値するものが、野党にとっては地方の政治行政における実績です。実際に地方の選挙で勝利して、首長を獲り多数派の与党になって政策を実行し、地域を変えた事例を積み増していけば、いざ国政で「政権交代」の風が吹き始めてきたときに、「自分たちはこの地域で、〇〇のような政策を実現しました。その結果、この地域はこうなりました」と実例を見せることができる。これが国政を任せてもらうために重要なんです。

野党こそ、口先コメンテーターから脱却しなくてはなりません。自らに実行力があることを、有権者に示さなくてはならないのです。

――その意味では、作家の百田尚樹さんが政治団体「日本保守党」を設立して代表になられたのは、いいことなんでしょうね。れいわ新選組代表の山本太郎さんも2020年に東京都知事選に出馬されました。維新の成功例、橋下さんが挑戦されてきたことを意識されているのでは、と感じます。

もちろん政治的立場や主義主張はまったく異なりますが。

橋下 そうですね。彼らは僕が実際にやってきたことに散々文句を言ってきたり、僕の経験を基にした政治的主張に罵詈雑言《ばりぞうごん》を浴びせてきたりしますが、彼らも一度実際の政治行政を担ってみれば、自分たちの主張がいかに現実離れしているかが分かるでしょう。

百田氏の威勢のいい主張は、コメンテーターや作家、野党政治家や政府に入らない与党政治家なら言えることですが、政府に入って行政権の責任を担いながら実現できるものはほぼゼロです。それを知れば彼らの主張も現実的なものになるでしょう。

まあ彼らが政府に入るなんてことは、僕が生きている間にはまずないでしょうが（笑）。

政策ではなく「政策決定のメカニズム」を変える

――では③はどうでしょう。「左右対決」ではなく「新旧対決」に持ち込む。その真意は？

橋下　今回の自民党の裏金問題に対する国民の拒否反応は、日本の政治にとって重要なターニングポイントになるはずです。政治にはおカネがかかるという固定観念、あるいは政治を動かすためには派閥の力が必要だという思い込みや派閥の力学こそが「政治」だと思わされてきた常識を、ぶち破るだけの威力がある。これまで日本人が「政治」だと思い込まされてきたことは、実は自民党内部のお山の大将同士の陣取り合戦にすぎなかったことに、国民が気づき始めています。

それが「政治」というものだ、派閥の争いにはおカネがかかるんだと政治家や政治評論家たちが偉そうに言ったとしても、そんな政治はいらない！　と国民が意思表示しているわけです。

民主主義が成熟してきた今の日本では、人々が願うのは「カネを媒介とした政治」ではなく、「公開の場で政策論を闘わせ、公正なルールの下、原則多数決で決めていく政治」です。一部の政治家や一部の業界団体だけでなく、広く国民を巻き込んでより多くの共感・支持を集めながら政治を進める政党こそが、日本の国を動かしていくことができるのです。

――今の若者も、おカネよりもフォロワーや推しのほうが大切だという感覚を持っています。

橋下　そうでしょう。フォロワーや推しが大事なんて言うと、また「ポピュリズム政治を推奨するのか」と言われそうだけど、そうじゃないんですよ。

何から何まで国民に媚を売る必要はないし、ある場面では多くの国民の意見に反してでも政治家として選択すべきこともあるでしょう。

でも今や国民間の所得格差が拡大し、それが世代を超えて固定化してくる時代です。ですから政治はより多くの国民の声を拾い、より多くの国民の感覚に寄り添う必要が、これからますます大きくなります。

だとすれば、一部の国民の生活状況や気持ちだけがよく分かる政治家よりも、多様なバックボーンを持って多くの国民の実生活を想像できる政治家のほうが求められる。

今、日本の政界における世襲政治家は約三割と言われています。親や親族からその地盤を受け継いだ彼らは、地盤・看板・カバンという「三バン」を持ち、政治家になっていく。政治が「カネを介した関係性」「個人を超えた家の信頼性」「飲食を介した内輪話」で回っていく性質を維持する限り、前記の「三バン」がモノを言うし、それを持たない若手新人議員は、有力な政治家の傘下に下るしかなくなります。

もう、そんな政治は止めましょうよ。仲間をつくるために飲食や贈答品が必要で、そのために多大な「カネ」が必要だなんて、そんなのは健全な民主主義国家とは呼べません。

有権者が望んでいるのは、今や「カネによる政治」ではない。自分たち国民と同じルールに従いながらおカネを扱う政治家たちに託したい。そして国民一般が受益者となるような政策を実行してもらいたいと強く願っているでしょう。

おカネや身分や地盤ではなく、「こういう社会にしたい」という強い意志を持ち、その実現のために多くの有権者を巻き込みながら政策論争の結果で方針を決める。しかも口先だけでなく地方の政治行政の場においてその方針を政策として実行する。

このような野党政治家、政党を国民は求めています。

つまり、政策を決めるメカニズムを、これまでの自民党政治のものから変えるんです。

――面白いですね。野党は「政策」を一気に変えるのではなく、「政策を決めるためのメカニズム」を変える。これを国民へのアピールポイントとして掲げてはどうかということですね。

橋下　そうです。政策の中身の違いを言い始めちゃうと、結局、野党それぞれの主義主張がぶつかりあって、収拾がつかなくなってしまう。

だから政策の中身ではなく、「物事の決め方」の部分で、自分たちは与党自民党とは違うということを、明確に打ち出すんです。

それは「最後は多数決で決めて、決まった結果に従う」というメカニズムです。

――主義主張や政策の「左右対決」ではなく、与党対野党の「新旧対決」に持ち込む。つまり野党同士が「方法論」のところで手を組むべし、ということですか。

橋下　もちろん手を組むと言っても、野党が今すぐ一つにまとまるということではありません。肝心なところ、すなわち衆議院総選挙において、野党間で不毛に争うことによって自民党を利することだけは止めよう、と話を付けるということです。

自公過半数割れを自分たちの最重要目標として、衆議院総選挙で野党乱立になることだけは避ける。一つの選挙区で一人しか当選できない衆議院小選挙区においては、与党の自公が候補者を一人に絞る以上、野党が候補者を乱立させた時点で野党票は分散し、ほぼ自動的に与党候補者が勝利します。野党が候補者を乱立し続けていたら、いつまで経っても政権交代など望めません。

ですから野党乱立を絶対に避けるためには、衆議院総選挙前に、野党間、特に主要野党である維新と立憲民主党が徹底的に潰し合いをするのです。野党の候補者を一人だけに絞って、その上で衆議院総選挙において与野党一騎打ちの構図をつくる。

「野党候補を一人に絞る」と言うと、野党が手を組んだように思われます。

そうではありません。野党の候補者を一人だけ「残す」のです。潰し合い、政治的な殺し合いです。

そしてさらに重要なのが、維新と立憲民主党が潰し合いをする「方法」です。これを密室での政治家同士の協議で行っては、これまでの自民党政治と同じになってしまう。

そうではなく、維新と立憲民主党の候補者がぶつかるそれぞれの選挙区において候補者同士、いや維新と立憲民主党の政党同士が公開での激しい政策論争を展開し、最後は有権者の意思や投票でどちらが勝利したかを決する。

このような物事の決め方こそ、古い自民党政治に対する「新しい野党の政治」として、国民に打ち出すことができるのではないでしょうか。自民党の、公認候補を誰にするかの決め手は「密室協議」ですからね。

維新と立憲民主党は政策の中身については徹底的に対決するにしても、この「物事の進め方」の一点においては、一致すべきです。

そもそも野党の面々は学級委員タイプが多いし、自民党の政治家同士のような昭和っぽい人間関係が構築されていない。政策論になるとそれぞれ一家言あるからワーワー白熱して盛り上がるけれども、意見をまとめるボスがいない。だから収拾がつかなくなって最後は分裂するんです。

一方、自民党は地域のボスタイプが多い。だから子分たちを抱えているボスの鶴の一声でまとまりやすいんです。

したがって学級委員タイプや人間関係の乏しい政治家が多い野党は、最後は「多数決」で決めるしかない。それぞれの持論を闘わせて、最後は参加メンバーによる多数決で決める。そして決まった結果には、内心はどうであれとにかくそれに従う。

突き詰めると野党はこのような物事の決め方をとるしかないのですが、実はそれが古い自民党政治への強烈なアンチテーゼになるんです。

――たしかに、令和の今だからこそ、国民にも響きそうです。

橋下　はい。現代の一般的な国民にとっては、そのような意思決定プロセスのほうが馴染みやすいと思います。政策の中身そのものではなく、自民党とは異なる「物事の決め方・決定プロセス」それ自体が無党派層に対する強烈なアピールになるはずです。

そもそも万人が賛同するような完璧な政策なんて存在しないんですよ。多様な価値観が渦巻く無党派層全員が賛成してくれる政策を打ち出すのは難しい。

無党派層に向けて何かを打ち出せば、必ず反対論が出ます。だけど「多数決で決めよう」という方法論について反対する無党派層は、そう多くないはずです。

野党の「保身」が有権者にバレている

――野党間の「左右対決」ではなく、与野党の「新旧対決」に持ち込むという戦術は面白いです。現在、維新代表の馬場伸幸さんは、「野党第一党奪取」の後「政権交代」を公言されています。一方橋下さんは、関西エリアは維新がしっかり固め、全国区では他党と協力して自公過半数割れを目指すべしと言われていますね。意見が分かれていますね。

橋下　繰り返しになりますが、野党「協力」ではありません。衆議院総選挙前での野党間の潰し合いです。

将来的には、維新が「野党第一党」となり、自民党と一騎打ちして「政権交代」を実現する未来も訪れるのかもしれません。もちろん立憲民主党がそうなる可能性もあります。しかし、今の段階で維新や立憲民主党がそれぞれ野党第一党を目指せば、政権交代は永遠に訪れないでしょうね。

一人だけしか当選できない小選挙区においては、与野党はそれぞれ候補者を一人に絞って、一騎打ちの構図をつくる必要がある。

しかし現状は、与党は候補者を一本化しているにもかかわらず、野党は候補者を乱立させているので、野党票や反自民票が分散してしまい、結局与党候補者が勝利することの繰り返しとなっています。

この理由は、維新も立憲民主党も国民民主党もまずは自分の党の勢力拡大を第一目標に置いているからです。比例代表で議席を拡大するためには、とにかく多くの小選挙区で候補者を立てて、小選挙区で勝てなくても比例票を集める必要があるからです。

つまり比例票を集めるための、小選挙区候補者の乱立なんです。

永田町・霞が関の世界では、議員の数がモノを言います。各政党は、議員の数によって扱われ方が著しく異なるので、野党各党は一人でも多く議員を増やそうと必死になる。何よりも一人議員が増えるだけで、政党が受け取る政党交付金の額がものすごく増える。

結局、各野党は自分たちのメリットだけを考えて、小選挙区で候補者を乱立させている。

その結果いつも自民党が勝利し、自民党政治がずっと続いているんです。

野党は、自党の勢力拡大を第一に考え、現状の日本政治を容認するままなのか。野党第一党がどこになろうと、自公政権が過半数を維持するままだと、これまでの政治に大きな変化は訪れないのに。

――国民が望んでいるのは、野党が第一党を目指すことではない、と。

橋下　その通りです。今はとにもかくにも、自公に過半数割れさせることを目標とするべきで、そのためには野党同士で候補者を乱立させないことが絶対的必要条件です。

日本政治の変革のために候補者乱立を抑えるのか、それとも自党の勢力拡大のために候補者を乱立させるのか。野党の党首たちは、まさにこの選択を迫られているのです。

ところが今のところは残念ながら、各野党の党首たちは自党の勢力拡大を第一目標としています。この自公を追い込もうとする迫力のなさ、つまりは野党の「保身の精神」が有権者にバレていて、野党支持率は低迷したままなのだと思います。

――せっかくこれほどの風が吹いているのに。

橋下　そうなんです。この風を今つかまえなければ、野党が権力を行使して政策を一つでも実行できるのはいったいいつになるのか。野党国会議員はその危機感が薄すぎます。万年野党に甘んじてもいいのなら、自分が当選すればいいだけだし、自分の党が野党第一党になるだけでいい、という考え方になります。

しかし一つでも二つでも政策を実行したい、政治を変えたいという熱量があるなら、自党の勢力拡大よりもとにかく自公過半数割れが目標になるはずです。

結局野党国会議員たちが万年野党が一番いいと思った瞬間に、今の千載一遇の風を逃すことになるんです。

――野党側が腹を括れるかどうか、ということですね。

橋下　野党が有権者の支持を広げるには、口先だけで政策を語るのではなく、一つでも二つでも政策を実行し、有権者に体感してもらう必要があります。

第五章で述べた通り、地方の首長を獲る方法もありますが、もう一つが、自公を過半数割れに追い込み、自公と協議をして政策を実行する、という方法です。

今その大チャンスが訪れている。

自公が過半数割れしなくても、野党は自公と協議をすることはできます。しかしそれは形だけの協議。実際、自公が安定過半数を維持していれば、野党の政策なんて本心のところで見向きもしないからです。

他方、与党である自公を過半数割れにさえ追い込めれば、野党は閣外協力の立場で、政策に意見し、自分たちの政策を実現する可能性が出てきます。

その際、必ずしも野党が一致団結する必要はありません。いやむしろ、野党が一致団結をして政権交代によって政権を担おうとすればすぐに失敗するでしょう。

政権交代ではなく、それぞれの野党が、自分たちの掲げる政策において自公と交渉して、一つ一つ政策を実現していけばいいのです。

実際に今、国民民主党の玉木さんが自公と交渉して自ら掲げる政策を実行しようと必死になっています。自公の予算に野党でありながら賛成する代わりに、ガソリン税のトリガー条項凍結の解除を引き出そうとしました。しかし、結局うまくいきません。

それはシンプルな話で、自公が過半数を握っているからです。彼らは必要なときだけ野党を利用するけれど、野党と決裂したところで実際は痛くもかゆくもない。自分たちだけで法案を通すことが可能だからです。

これが自公過半数割れになれば、そうはいかなくなる。必ず一部野党の賛同を得なければ自公の考えを国会で通過させることができなくなり、そうなれば、野党の主張も必ず採り入れなければならなくなるのです。

――野党だけで政権を担える力を持つ必要は必ずしもない。「自公過半数割れ」さえ実現できれば、野党が政策を実現できる可能性が著しく増し、事態は大きく変わる、と言うのですね。

橋下　これまでの野党は、一つの夢を描き続けてきました。それは「野党第一党となり、与党自民党を政権の座から引きずり下ろす」こと。しかし、それが55年体制下で実現したのは、たったの一度だけ。09年の民主党政権による政権交代だけです。

その後も、「あの夢よ、再び」とばかりに、野党は自分たちのポジションを押し上げることに汲々としてきましたが、それは究極的には、「自民党に代わって俺がボスになりたい」という夢ですよね。すなわち自分たちだけで過半数を制する夢。

でも、政治家として本来望むべきは、「俺がボス」になることではなくて、「自分たちが信じる政策を実現させる」ことのはず。ならば自分がボスになれなくても、政策実現ができればいいはずです。ましてや、「腐敗しきった現状を改善したい」という強烈な情熱があるならば、自分たちが野党の頂点に立たなくても、現状が「変化」「改善」すればいいはずです。だから「政権交代」ではなく「政権変容」なのです。

投票率を高める唯一の方法

橋下　実際に、そうした政治の在り方を実践してきたのが、ドイツの議会政治です。保守系の「キリスト教民主・社会同盟（ＣＤＵ・ＣＳＵ）」と、リベラルの「社会民主党（ＳＰＤ）」が二大政党として存在してきたドイツですが、どちらも1党だけで単独過半数を占めるのは容易ではないために、常に多党と連立を組むことで、政権交代をしてきました。しかもその野党の顔触れは、実に多彩。環境政策を目指す「緑の党」や、極右政党と呼ばれる「ドイツのための選択肢（ＡｆＤ）」、経済界をバックに持つ「自由民主党（ＦＤＰ）」や、「左派党」などなど。どれか一つが「野党第一党」として傑出するというよりも、社会環境の変化や地域によって、選ばれる党、連立の組み合わせが変わっていくのが大きな特徴です。

たとえば、16年の長きにわたりドイツ首相を務めてきたメルケルさんは、保守政党ＣＤＵの政治家ですが、首相の１期目は中道左派のＳＰＤと大連立を組み、２期目は中道右派のＦＤＰと連立を組みました。しかし、首相３期目の総選挙では、ＦＤＰが惨敗、再びＳＰＤと連立を組みました。

有権者としては「野党のお手並み拝見」といったところです。言いたい放題言ってきた野党が、政権運営に参画した途端に言ってきたことが変わったりすれば、次の選挙では別の野党を支持することで、有権者は「政権変容」を実現してきたのです。

ですからドイツの野党は、日本の野党のように無責任な言いっ放しはできない。常に政権を運営することを想定した態度振る舞いをしなければならなくなるのです。

ちなみにメルケル首相が退任したのちのＣＤＵは、野党に転落。その後ドイツ首相となったのは、ＳＰＤのオラフ・ショルツ氏でした。現在のドイツ議会は、社会福祉政策に意欲的なＳＰＤと、新自由主義的政策を掲げるＦＤＰ、そして環境政策を進める緑の党による、３党連立政権を運営しています。

ドイツの投票率は70～80％と、日本の50％程度とは大きく異なります。これだけ投票率が高いから「政権交代」「政権変容」が成るのか、あるいは「政権交代」「政権変容」が現実的にあり得るから、投票率が高いのか……。鶏が先か、卵が先かわかりませんが、それでも政治が変化することを有権者が実感しているからこそ、有権者が自分たちの一票の重みを感じているのは間違いないでしょう。

日本ではことあるごとに、政治に対する国民の関心の低さが嘆かれます。国民の政治への関心を高める方策について色々な意見が出し尽くされていますが、その特効薬は、政治が変化することを国民に実体験させることです。

野党第一党がどの党になっても、たいした政治の変化は起きない。

しかし自公過半数割れとなれば、政治は大きく変化することは間違いないのです。

ドイツの事例を長々と引用しましたが、もちろん今の日本において、過半数割れした自公と野党の一部が連立政権を組む必要はありません。政策ごとに閣外協力することでも十分です。

弱小野党、政権運営の経験の足りない野党が自公と連立政権を組めば、あっという間に取り込まれてしまい、むしろ政治に変化が生まれなくなる可能性もある。そうなると国民の熱も一気に冷めてしまいます。

頻繁な政権交代にまだ慣れていない今の日本においては、自公が過半数割れとなっても、野党がまとまった連立政権を組むことはもちろん、野党の一部が自公と連立を組むことも避けるべきです。

野党は将来に政権を担うための勉強をするつもりで、過半数割れした自公と閣外協力することによって、自らの政策を実行するノウハウを学ぶべきです。それこそが、いま国民が望んでいる「政権変容」の実現です。

次章では、自公過半数割れに持ち込む選挙戦術について、話を進めていきましょう。

第七章 だから「野党間予備選挙」が必要だ

小選挙区制で野党が
候補者を乱立させていては、
自民党に永遠に勝てない。
政権変容の風に乗るには「与野党一騎打ち」がマストだ。

本選挙の前に「潰し合い」を済ませておく

――政権変容を実現するためには、「自公過半数割れ」が必要不可欠。そのために「野党間予備選挙」が必要だというのが橋下さんの持論です。本章では、その予備選挙について、詳しく語っていただきましょう。

橋下　これまでもいろんな場面で説明してきましたが、国民どころか、野党政治家にも僕の真意がいま一つ伝わっていない。やはり、一コメンテーターの発言では、熱量が足りないのかもしれない。決定版として、ここで熱く語ります。

一つの選挙区から一人しか当選しない小選挙区制で、自公過半数割れに持っていくためには、選挙において野党間で潰し合ってはいけないのは当たり前のことです。野党間で潰し合えば、選挙区で一人しか当選しないのだから、与党候補者が勝利することになる。

だから野党同士が小選挙区で争うのであれば、本選挙である総選挙の「前に」野党間で勝敗をつけておかなければならないんです。

野党の候補者が乱立する各小選挙区においては、本選挙の「前に」野党間で「潰し合い」を済ませておいて、野党の候補者を一人にしておく必要がある。その一人の野党候補者が、決勝に勝ち残った選手として本選挙で与党候補者との一騎打ちに挑む。

これが野党間予備選挙の意味するところです。

――これまでは本選挙で野党間が潰し合っていたのを、本選挙前に潰し合いを済ませておく、ということですね。

橋下　はい。本選挙では必ず与野党候補者の一騎打ち、二者択一の構図に持ち込む。

この作戦が有効なのは、今の有権者は「支持政党なし」が6割以上を占めるからです。与野党一騎打ちの構図に持ち込めば、十分に野党が勝利する可能性が見えてくるのです。

ここでよく勘違いされるのは、「野党間での予備選挙」を「野党同士が一致団結して手を組むため」のプロセスだと思われることです。

僕が「予備選挙」を呼びかけると、「政策が異なる政党なんかと手を組めるか！」「野党間で政策を一本化することは絶対にない！」という声が飛んでくる。

そうじゃないんですよ。むしろその逆。

今の野党間で「無理な政策の一本化」なんて必要ないし、「野党各党が手を組む」必要もない。特に維新と立憲民主党はお互い大嫌いなうえに根本的な考え方の違いがあるので、ここで無理やり手を組むことの弊害のほうが大きい。

むしろ維新と立憲はとことん争って潰し合ったらいいんです。ただし、あくまでも本選挙の「前に」ね。

そして、この野党間予備選挙で負けた候補者は、本選挙では立候補しないという政治的約束を必ず守ることが、絶対条件です。

ここが予備選挙の一番の肝であり、一番の政治です。

予備選挙で負けた候補者が本選挙にシレッと立候補したら、予備選挙の意味が瓦解する。本選挙に立候補する法的権利があるにもかかわらず、予備選挙での敗北の結果を受けて、本選挙に立候補する法的権利を放棄することができるか。

これは候補者個人に委ねるだけでなく、まさに野党の党組織の威信にかけて、予備選挙に敗北した自らのメンバーに対して、立候補を断念させなければならない。

野党としては、比例代表で票を多く集めるために、小選挙区でできる限り候補者を立てて党の名前を浸透させるほうがいい。だから今の野党は、与党に勝利する可能性が低くても、とりあえず小選挙区に候補者を擁立する。このことが本選挙における野党の潰し合いを生み出す原因であり、与党を利することにつながっている。

自党の比例票が減るリスク、比例代表の議席減になるリスクを覚悟で、予備選敗北者を立候補させない政治ができるか。また候補者も、とにもかくにも議員バッジを付けたい者は、予備選挙に負けても本選挙で逆転を狙いたいと思うでしょう。そのような予備選敗北者に対して、本選挙での立候補を諦めさせることができるか。

各野党が議席を減らすリスクよりも、自公を過半数割れに追い込む目標を重視する。すなわち野党第一党という目標よりも、是が非でも自公を過半数割れに追い込むという目標に熱を持つことができるかが、予備選挙の成否を決めるのです。

この点、当初野党第一党を目指していた維新は、与党への逆風を目の前にして、自公過半数割れも目標に追加しましたが、この両目標は究極的には相反し、どちらかを選択しなければならなくなることを認識しているのかな。

――選挙前も選挙後も、各野党は手を組む必要はない、というところが斬新です。べつに一つにまとまらなくていい、と。

橋下　みんな「55年体制」が脳裏にしみつき過ぎて、「野党候補者の一本化＝野党が一つにまとまるためのもの」だと思っている。

全然違うんですよ。まとまらなくていいんです。

本選挙の際に、野党の候補者を一人にして、与野党候補者一騎打ちの構図に持ち込むことだけを目標とするんです。

勝者は「野党代表」ではない

――ただ、各野党の支持層からは、反対の声が出るのでは。たとえば、「立憲の政策に賛成だったのに、予備選挙で負けたからって、維新なんかに票は入れたくない！」とか。

橋下　いいんですよ、それで。

仮に予備選挙で、維新候補者が勝ったとする。そこで本選挙の維新候補者に対して、熱烈な立憲支持者が「俺が蛇蝎《だかつ》のごとく嫌っている維新の候補者に投票することなんかできない！」と思う場合、べつに無理やり維新に投票しなくてもいいんです。

棄権するか、それこそ「維新よりも自民党のほうがまだマシだ」と思うなら、自民党に投票したっていいんです。そこは有権者の判断です。

この点も、野党間予備選を否定する人たちがよく言う、勘違いの批判です。

野党間予備選で敗北した側は、本選挙においては、予備選に勝利した候補者を応援しないから意味がないという批判。

このような意見の持ち主は、「55年体制」の思考から抜け出せていないと言わざるをえません。予備選挙で勝利した候補者が、「野党代表」になるわけではないのです。

あくまでも「本選挙を与野党一騎打ちに持ち込む」ためだけの候補者一本化ですから、応援したくない候補者を応援する必要はない。

それでも予備選を勝利した候補者にとっては、十分すぎるメリットがあります。それは、無党派層からの支持をバラバラにせず、自分に取り込める可能性が激増するメリットです。

本書でも口が酸っぱくなるほど言っていますが、野党各党の支持率は一けた台。予備選挙に勝利した維新候補者は、本選挙で立憲支持者の票をあてにする必要はないし、予備選挙に勝利した立憲候補者も、本選挙で維新支持者の票をあてにする必要はない。

お互いに相手側の支持率一けた台の票などあてにせず、「現在支持する政党はない」と言う無党派層の票をかき集めることに集中するんです。

そのためには、本選挙で与野党一騎打ちの構図に持ち込んで、「与党と野党はどちらがマシですか？」と無党派層に問うのが一番効果的です。

野党各党は、目の前に集まってくれる数千人の支持者を強く意識するのでしょうが、日本全体で見れば立憲民主も維新も積極的支持者はごくわずか。しつこいですが、世論調査の支持率は一けた台。

そんなものを取りにいくより、主要野党である維新や立憲は、6割以上にも上る、支持政党なしの無党派層を狙いにいくべきなんです。この層は、自民、維新、立憲民主にこだわりはありません。

本選挙で与党対野党の一騎打ちの構図に持ち込めば、無党派層はどっちがマシかで判断します。野党各党は自分たちの掲げる政策によって積極的な支持を得たいと思っているようですが、これまでの世論調査を見れば、野党の政策に大きな支持が集まっているわけではないことは明らか。

有権者は野党の口先だけアピールを信用していません。だからこそ、「自公よりもマシかどうか」で評価する無党派層の判断に賭けるべきなんです。

予備選で勝利した野党候補は、予備選で対決した野党候補の支持層が付いてきてくれないことを嘆くのではなく、自党の支持層と無党派層、さらには自民党にお灸を据えたい自民支持層をしっかりとつかむことに集中すればいいのです。

――最悪、「自民のほうがマシ！」なら、本選挙で自民に票を入れてもいい、という発想は画期的ですね。

橋下　野党各党は55年体制の思考に縛られて、野党は野党支持層を広くつかまえるべきと思い込んでいます。それは野党が大同団結して連立政権をつくることをお題目とする55年体制が大前提となっている。

だから予備選挙をやって野党の候補者を一人にしたところで、予備選で対立した野党支持層が付いてきてくれないのであれば本選挙で与党には勝てないと信じ込んでしまっているのでしょう。

これは完全に間違っています。

野党が狙うべきは、6割以上を占める支持政党なしの無党派層なのです。彼ら彼女らが積極的に支持してくれることを狙うのではなく、自公よりもマシだよね、という「消極的支持」で十分なのです。

野党間予備選挙とはつまるところ、日本の政党、政治家に何の期待も持たず、今さら政権交代など起こるはずもないと端《はな》から諦め、投票所に足を運ぶことすら諦めてしまっている人たちに、本選挙での「与党」対「野党」の一騎打ちという、極めてシンプルな戦いを見せ、どちらがマシかを判断してもらうのが目的です。

常に反自民の票を取りに行くことを考えるのではなく、場合によっては自民に票が行くこともあり得る無党派層をどう取り込むかを、戦略の柱に置くべきなのです。

若者にとっては与党も野党も同じように古い

――考えてみれば、これまでも野党が乱立することで票が分散されることとの弊害は語られてきました。にもかかわらず、「野党間予備選挙」がいまだ実現していないのは、なぜでしょう。

橋下　シンプルな話ですよ。みな口では「政権交代」を唱えつつも、現実的には野党各党は自分の政党の勢力を拡大することを第一に考えるからです。

野党である限り政策は実行できない。そうであれば永田町や霞が関という狭い世界でいい恰好がしたい、偉くなりたい、政党交付金を増やしたい。そのためには野党第一党になる必要があるんです。

だから小選挙区において与党候補に勝てる見込みがないのに、とにかく候補者を全国に乱立させて比例票を漁《あさ》ろうとする。もはや野党にとっての衆議院総選挙は、自民に勝つための選挙ではなく、自党の勢力を一人でも拡大させるためだけの選挙に成り下がっている。

僕が引退した後も一生懸命やってくれている維新メンバーに申し訳ないけど、国政維新の戦略はその典型でしょう。小選挙区で勝てるのは基本的に大阪だけです。あとは乱立した候補者によって獲得した比例票による比例代表議員がほとんどです。

比例代表議員も国会議員であることに間違いありませんし、その使い方によっては日本の政治を変える力にもなりうる。たとえば女性候補に限るとか、若い世代に限るとか、小選挙区での政治活動を免除する代わりに専門知識を持った民間人を登用するとか、党の色を打ち出す候補者固めに使えばね。その際はもちろん任期を厳格にし、顔ぶれが固定化しないようにする。

ところが今の比例代表の使われ方は、自民党から主要野党まで含めて、小選挙区で落選した者の保険となっています。比例復活というやつですね。しかも維新の比例代表議員は、小選挙区においてまったく票が集まらなかったのに、比例復活して国会議員になっている者が多いんです。

このような集団にはたして国家を運営させ、いざ有事のときに一般の国民の命運を左右するような判断をする権限を与えてもいいのですか？

みな国会に籍を置いて「俺は国会議員だ！」と思っているのでしょうが、小選挙区で自分が集めた票を見てみなさいよ、と言いたいですね。

国会議員は一度なってしまうと、当選し続けることが目標になります。国会議員になる前の生活環境と比べて、格段にそのレベルが上がる者が多いからです。

そりゃ生活レベルを進んで落とすことができる人は少ないでしょう。

そうすると本選挙前の予備選挙で負けたからと言って、本選挙に立候補できる権利をやすやすと捨てることなどできない。予備選の結果によって、本選立候補の権利がなくなるのがとにかく嫌なんでしょう。

主要野党も結局、自分の政党の勢力を拡大することや、自分が当選することが第一目標になっている。この古い政治の考え方に野党も囚われていることこそが、野党間予備選挙が実施されない理由です。

――なるほど、野党政治家にも、自民党政治家と同じかそれ以上の「保身」があると。

橋下　そうです。自民をどうこうするより先に、まずは野党が、なんとかして新しい政治思考に変革する必要があります。

自党の勢力拡大や自分が当選することではなく、政策実行を第一目標にする。

比例代表制は小選挙区落選者の保険に使わない。

主要野党がこのような思考になれば、自公を過半数割れに追い込むために、自党の比例票が少なくなっても、また本選挙での立候補の権利を奪われることになったとしても、予備選挙によって本選挙の野党候補者を一人に絞り込もうとするはずです。

結局「政策が異なる政党なんかと手を組めるか！」と言うのは建て前で、「自党の勢力を少しでも拡大する」「自分の議席を守る」ことが至上目的になってしまっている。そうした人々は、そりゃ予備選挙は嫌がりますよ。

でも、これは政治家に突き付けられる、「何のために政治をやっているのか」という根源的な問いです。政治家で居続けたいだけなのか、それとも、たとえ一つでも自分の思い描く政策を実行したいのか、というね。

――「野党間予備選挙」は、「野党で意見を一つにまとめる」ものと思ってきた人から「非現実的」「妥協の産物になる」と批判されてきましたが、橋下さんの提言は違います。ある種のトーナメント戦と考えると分かりやすいですね。野党間で勝ち残った候補者が、最後、自民党との一騎打ちに挑み、有権者の判断を仰ぐ。

ただ、それを阻むのが自民党というより、当の野党や野党候補者たちだというのがまた……。これはどうしたらいいんでしょう。

橋下　うーん、そこは若い世代に期待するしかないかもしれません。だから特に野党は世代交代が必要なんですが、これまた主要野党も世代交代が進みません。国会議員は一度なると ずっと国会議員であり続けたいようです。

一方で、大阪維新の知事、市長は世代交代に成功しています。これは政治家としての任期を暗黙の約束として設定しているからです。

僕&松井体制から、松井&吉村体制、そして今の吉村&横山体制に世代交代してきました。トップがこのような姿勢を示すことで、実は首長だけでなく府議会、市議会も国会議員よりも世代交代が進んでいます。

もちろん府議会、市議会にもベテランはいますが、国会議員に比べると、自主的に議員を辞めていく率が高いですね。辞めた彼ら彼女らはいま民間人として活躍していますよ。

ベテランとして残るのであれば、前面に出ずに、若手を支える裏方に回っている。

多くの国民が求めているのは、もはや与党とか野党とかそういう枠組みですらない気がします。だって無党派層がこれだけ多いのですから、政党にこだわりなどないでしょう。

若い世代が心より欲しているのは、「カネにだらしなく、カネをくれる団体に忖度《そんたく》しまくりの既存政治家」ではなく、「おカネの扱いが極めて透明で、一般の国民が服しているルールや常識に同じように服してくれる政治家」なんじゃないでしょうかね。

野党政治家でも、永田町の生活に慣れてしまうと、一般国民の生活とはかけ離れた生活態度になることを国民はみんな感じています。

与党野党という枠組みではなく、国会議員をひとくくりに見ているんでしょうね。民間ではもう無駄な飲みニケーションなんてしません。贈答品のやり取りも極めて限定的です。しかし永田町の国会議員ではいまだにそれが政治だと言い切る者たちがいかに多いか。

それが無党派層からすると、与党も野党もひとくくりにして「古い政治」と感じるのでしょう。

首相がずっと国会に張り付いているのは野党のせい

——自公の過半数割れが実現すれば、野党の政策も国会で実現しやすくなると橋下さんは主張されています。これまでのイメージでは、公明党以外の野党が連立入りして、大臣として登用されて、となりますが、そうではない。

橋下　はい、違います。これまでも述べてきましたが、あくまでも、それぞれの野党が、与党自民党に自らの政策を個別に飲ましていくイメージです。

55年体制の古い政治を前提としてしまうと、自公が過半数割れした場合には野党だけで連立を組むか、ないしは一部の野党が自民党と連立を組むか、いずれにせよ野党が連立政権入りすることばかりが論じられますが、これからの新しい政治はそれではダメです。

というのも、これまで政権運営の実績のない野党がいきなり自民党と連立を組めば、あっという間に取り込まれて野党らしい政策が実現できなくなります。

一方で、異なる意見をまとめる技術もない野党だけで政権運営を担うと、意見がまとまらず最後は分裂という事態に陥るでしょう。

もちろん先に述べたドイツの政権交代のように、与党第一党と野党が連立を組む、という図もありえなくはない。ただ、それだと、ある特定の野党の主張だけが政策に反映されてしまう。それでは第二の公明党になってしまいます。

ドイツは多党による連立政権や、その連立の組み合わせ変更などに慣れているのでなんとかうまくやっていますが、日本はまだまだ政権交代はおろか政権変容にも慣れていないので、野党は連立政権に入るべきではありません。

ある意味、公明党も自民党と連立を組まなければ、自民党に飲み込まれることはなかったのではないでしょうか。それくらい、「自民党と連立を組む」ことはリスクも大きい。自分たちの政策を実現させていくためには、自民党と適度な距離感を保ち続けることが、今の野党には必要なのです。

日本の政治に多様性を持ち込むという観点からも、複数の野党が政策ごとに、直接与党と交渉していく。この方式だと、どの野党にも個別の政策を交渉し実現するチャンスが生まれます。

現在も立憲民主や維新は、いわゆる国会対策を通じて与党法案に修正をかける形で、自分たちの意見を政策に反映していこうとしています。ただし、自公が過半数を握っている間は、ＬＧＢＴ理解増進法にしても、旧統一教会被害者救済法にしても、自民党の法案にほんの少しの修正を加えるくらいしかできません。

このとき野党国会議員は「修正を勝ち取った！」と誇らしげに言いますが、有権者にはまったく伝わっていないのが現状です。それくらい微々たる修正なのです。

もっとダイレクトに、野党の政策そのものを自民党に丸ごと飲ませて、「あ、維新はこういう政策を実現させたのか」「立憲はこういう社会を目指しているのか」と有権者に見えるように、そして体感してもらえるようにしていかなくてはならない。

これが野党が無党派層から多くの支持を得る最良の方策だと思います。

永田町で理想の政策を語り、いっときネットの中で話題になるだけではダメなのです。

加えて、野党は現状、「実行権がない＝実行する責任がない」のをいいことに口先だけの批判者に陥っていますが、野党自身が実際に自分たちの政策を実現できる可能性と責任が出てくれば、与党に対する非難ばかりでは済まなくなります。

より現実的、建設的な意見を出し、自分たちが実行していかなくてはならなくなる。そういう姿を見せることで、有権者は初めて野党各党の実行力を検証することができるようになるのです。

今の口先野党のままでは、実行力＝政権担当能力があるのかどうかの検証すらできないですからね。


――そうなると「与党」vs.「野党」の構図は弱まり、互いの協力姿勢が生まれていくのでは、という期待も生まれます。

橋下　そうだと思います。2012年、僕が大阪維新の代表として発表した政策提言「維新八策」には、財政・行政改革の一つとして「首相が年に100日は海外に行ける国会運営」というものを入れ込みました。僕が以前から異様に思っていたのは、一国の首相や大臣がずっと国会に張り付いていなくてはならない光景でした。

島国日本は、今よりもっと外交政策の比重を高めなくてはならないはずです。でもその日本の首相が、これほど長期間にわたり、国内の国会に張り付いていなければならないのは、野党がそれを要求するからです。

また、大臣の仕事は国会にいることよりも、各省庁で膨大な行政実務をやることなんです。ところが国会に拘束されると、行政の仕事がまったくできなくなる。これは知事、市長も同じです。

もちろん首相や主要閣僚が国民の代表である国会議員の前に出るのは、民主主義の要請でしょう。しかし海外に行ったり、役所組織を日々動かしたりする仕事は、国会に出席している間はまったくできないのです。

ドイツの元首相・メルケルさんなども、国会に出るのは年に十数日程度だと聞きました。野党がいつでも与党になる政権交代の可能性が高い国では、野党は自分たちが与党になったときのことを考えなくてはなりません。自分たちが政権を獲ったときに、首相や大臣は当然海外に行くし、日々役所組織を動かさなければならない。国会に張り付くわけにはいかないのです。そのような事情を野党もよく理解しているので、与党に対して無茶な要求はしない。

ところが日本の野党は、与党になった経験が乏しいし、将来も与党になることの想像力が働かないので、首相や大臣の仕事がどういうものか理解しようとしない。だから野党として首相や大臣に無茶な要求ばかりするのです。

こんな日本の政治行政では、日本が衰退するのは必至です。

「与党」と「野党」の関係を、もう少し建設的な議論ができるものに改めることができれば、政府が対外的な課題に向き合ったり、行政の仕事を行ったりする有効な時間が生まれ、国として今より生産的になるはずです。

国会議員の生産性は信じられないくらい低い

橋下　加えて国会のシステムをもっと効率化して、貴重な国会議員の時間を最大限有効活用すべきです。ほんと国会内は信じられないくらい生産性が低い。民間企業であんなことをやっていたら3日で倒産してしまうでしょう。

そんな非生産的な国会議員たちが、日本の経済成長のためには生産性を上げなければならないと真顔で言っているのですから、笑えないブラックジョークです。


――居眠りしている議員も多い。


橋下　たとえば国会では、投票による採決に一回一時間くらいかかっているようです。現状の札による投票ではなくボタン投票にすれば、あっという間に投票は終わるし、正確な記録も人手をかけずに残せる。国会内をもっともっとDX化していくべきです。

民間も必死になってやっているのですから。

ところがいまだに国会の本会議では、国会議員はタブレットパソコンを持ち込めないようです。「国会の権威が損なわれる」という理由を国会議員たちは真顔で述べます。

一体、何を言っているのか。一度民間の役員会議に研修に行くべきです。

民間でそんなことを言えば、お前はアホか！　と一蹴されますが、国会内ではそのような意見が多数となってしまう。

国会議員がタブレットを持参すれば、紙の資料はなくなるし、修正も簡単だし、役人の仕事が大幅に減るでしょう。しょうもない重箱の隅をつついた事実確認の質問や、だらだらと説明を求めるようなこともなくなるでしょう。

タブレットの持ち込みが実現すると、国会議員は質問の質を無茶苦茶上げなければならなくなる。すぐに検索できることを長々と質問すれば、無能だとバレるからです。

タブレットの持ち込みを頑なに拒否する国会は、国会議員の無能さがバレることを恐れているのか、ないしはタブレットでゲームをやったり、週刊誌の記事を読んだりする国会議員が多発することを恐れているのか、と勘ぐってしまいます。

このようなことも、与党と野党がいつでも入れ替わり、国会議員全員が与党議員として政権運営を担う立場になることが前提となれば、与野党の区別なく、国会議員全体で国会の生産性を上げることにみなの意識が向かうと思います。

2024年衆議院補選を事実上の予備選挙と捉えよ

――野党がまず変わるべき、という橋下さんの理想は分かりました。

ただ現状、「野党間予備選」を本気でやろうという声は、野党から聞こえてきません。突破口はどこにあると思いますか。

橋下　野党国会議員の意識、特に野党党首の意識が変わるしかないでしょうね。「自分たちの党勢拡大よりも、野党の政策を実現するために、野党が与党を内部からチェックするために、自公過半数割れにしたほうがいい」と野党党首が強く認識することしか、予備選挙に至る方法はないでしょう。

今のところ維新の馬場伸幸代表も、立憲の泉健太代表も、まずは自分の党の勢力拡大を第一に考えています。こうなると、野党党首が自主的に意識変革をすることに期待するよりも、意識変革せざるを得ない状況が到来するのを待つしかありません。

その芽が少し出てきたな、と感じたのが、２０２４年4月28日に投開票された衆議院議員補欠選挙でした。

――ほう、それはどういうことですか？

橋下　亡くなった自民党の細田博之議員と、政治とカネの問題で辞職した自民党議員2人の議席を補うための、合計三つの補選です。

さすがに政治とカネの問題について自民党への風当たりが強く、自民党は島根1区という一つの選挙区にしか候補者を立てることができませんでした。

残りの東京15区と長崎3区の二つは自民党不戦敗で、野党同士の決戦となりました。

特に維新と立憲のぶつかり合いは激しさを増しました。維新の馬場代表は、「立憲を叩き潰す‼」「立憲に投票しないでください‼」とアドレナリン全開でした。

このような野党間の潰し合いについて、55年体制を引きずる政治評論家たちは、「野党同士でそんなに激しくやり合ってどうするのか。野党がもめると結局自民党が得をする」という意見をすることが多い。

とにかく自民党を政権から引きずり下ろすために、野党はまとまれ、一致団結しろという主張。

しかし政権交代ではなく、「政権変容」の必要性を説いてきたこれまでの僕の論を理解してくれた人は、この補選での野党間の潰し合いこそが、予備選挙であることに気づいてくれたはずです。

そうなんです、来るべき衆議院総選挙の「前に」野党が潰し合って、野党の候補者を一人に絞ること、これが予備選挙です。

見てください。この4月の補選のうち、東京15区と長崎3区の二つの選挙区では、見事に予備選挙の形になっていたのです。

表面上は「補選」という形での正式な衆議院選挙ですが、全国的な「総選挙の前の」、しかも野党同士でぶつかっている構図を見れば、これこそが予備選です。

今回の予備選的な補選の効果、すなわち維新と立憲でいったん勝負がつく効果を、維新の馬場さんや立憲の泉さんが感じてくれたら、予備選構想が前に進むでしょう。

――なるほど、それは今回の補選に対する、まったく新しい見方ですね。

橋下　東京15区でも長崎3区でも、立憲が勝利しました。維新は完敗です。この票差を見れば、次の本選挙のときに維新が逆転できないのは誰が見ても明らかです。

もちろん選挙はときの状況次第で結果がいくらでも変わるものですが、それでも両者が主張をぶつけ合い、死力を尽くした上での投票結果は、民主国家の政治家であれば最も尊重すべきものです。

ここで敗北した維新が、同じ選挙区において次の総選挙に候補者を出して野党乱立状態にするよりも、立候補を控えて、悔しいけれど立憲の候補者一人を残すほうが、自公過半数割れに追い込めるチャンスが大きくなる。

もちろん現長崎3区は、選挙区改革によって次回総選挙では消滅し、今回の補選における維新の候補者も立憲の候補者も別々の選挙区で立候補するとのことなので、ここは維新の候補者も次の本選挙で頑張ればいい。

問題は東京15区です。

確かに維新候補者の金澤結衣さんは、ここに至るまで相当な政治活動を積み重ねてきました。この点は本当に敬服しますが、それでも政治は個人のものではありません。究極的には国民全体のものです。

個人が議員になりたいと思う意思よりも、日本全体の政治の行く末を考えるべきというのが、そもそもの維新の考え方です。今の維新の考え方は知りませんが、少なくとも維新発足当時はそうでした。

であれば、次に自分が勝つ可能性に賭けるよりも、いったん出た投票結果を重んじ、東京

15区の主要野党の候補者は立憲の補選勝者に譲るべきです。

だからと言って維新が立憲の候補者を応援する必要がないことは、すでに述べました。


――これは橋下さんから馬場代表への、強烈なメッセージですね。

橋下　すみません、ここからは対話ではなく、一気に、熱く、持論を展開させてもらいます。

狙うは政権交代ではなく、自公過半数割れの「政権変容」です。

自公過半数割れになり、自公と維新、ないしは自公と維新・国民民主で過半数を形成できるほど維新が議席を維持できれば、がぜん維新の存在感が際立ちます。

金澤さんは東京15区で国会議員になることは諦めることになる。しかし金澤さんは自分が国会議員になることよりも、日本の政治が変わることを願っているはず。

国会議員にしがみつきたい人からすると、補選で負けたからと言って次の本選挙を諦めるなんてとんでもないことでしょう。

しかし金澤さんは民間でも十分に実績を出してきた人。国会議員にしがみつきたい人ではないものと信じたいです。

金澤さんがどうしても国会議員を諦められないというのであれば、ここは投票結果を重んじる真の維新スピリッツを体現し、補選勝利者の立憲・酒井菜摘さんと再度、予備選挙をやって勝利を収めるか、あるいは他の選挙区で立候補すべきだと思います。

自分が国会議員になりたいという欲望よりも、日本政治の変化、「政権変容」のために自らの政治生命を捧げる真の維新スピリッツを、他の維新メンバー、いや他の野党メンバーに見せつけてほしいものです。

このような日本政治を大きく変える政治判断を、維新代表の馬場さんや立憲代表の泉さんに行ってもらいたい。自公過半数を許しながら、自らの勢力を拡大することに汲々とする小さい政治は止めてもらいたいですね。

予備選実施は補選で敗北した維新のスピリッツ次第

橋下　4月28日投開票の補選中、先ほども述べましたが、維新の馬場代表は「立憲を叩き潰す！」「立憲議員を国会に送らないでください！」などと激しく攻撃しました。

これに対して批判的な意見もある中、僕はまさにこれこそが野党間予備選挙だと評価しました。

来るべき本選挙前に、野党が潰し合いをして野党候補者を一人に絞ること。それも野党間での話し合いではなく、オープンな激論をもとに有権者が判断を下して候補者を一人に絞るプロセス。

これこそが野党間予備選挙の本質だからです。

そしてこの予備選挙の性質を持つ長崎と東京の補選で、維新は敗北しました。これらの選挙区において、有権者は立憲の候補者を選んだのです。

この結果を受けて、維新は次の本選挙において、どのような政治的振る舞いをするのか。ここが「政権変容」が起きるかどうか、日本の政治が変わるかどうかの分岐点です。

馬場さんがよく口にする「維新スピリット」を維新が本当に持っているなら、次の本選挙において東京15区には維新の候補者を立てないはずです。

なぜなら投票で決着がついたからです。

維新は意見が異なる場合に激しく対立しても、最後は投票結果を重んじます。その最たる例が大阪都構想の住民投票であり、これが真の維新スピリッツを体現したものです。

あのとき、どういう事情があろうとも、住民投票で否決された以上、僕は政治家を引退すべきだと決意しました。民主国家の政治においては、投票以上に重いものはありません。これが維新スピリッツの中核です。

補選で負けた維新が、同じ選挙区において次の本選挙でまさか再度候補者を立てたりするのでしょうか？

ここで東京15区に再度、金澤さんを擁立したとすると、それはもう完全に保身です。維新の最も嫌うものです。万が一、比例票狙いで擁立したというなら最悪です。

これも先ほど述べましたが、小選挙区でほとんど票が取れない比例代表議員を集めた集団で、何をやろうというのでしょうか？

政権交代ではなく政権変容の風が吹いている

橋下　最近の世論調査の流れを見ると、政権交代を求める声が高まってきています。ただし、野党支持率が特段高まっているわけではないので、この有権者の気持ちは、「今の自民党政治を変えてもらいたいが、野党に政権を担ってもらいたいわけでもない」というもの。

この有権者の気持ちは、今回の補選でも端的に表れています。

今回、自民王国と呼ばれる島根1区で、与野党一騎打ちとなりましたが、自民が完全敗北しました。保守王国島根1区ですら、自民はダメだという風が吹いています。

しかしこのことで、安易に「政権交代の風が吹いている」と認識するのは間違いです。維新の馬場さんも立憲の泉さんも、早く解散総選挙をしろ！　と岸田政権に迫っているようですが、補選の分析が足りません。

第一章でも論じましたが、今は自民崩壊状況です。野党が積極的に支持されている下克上型の政権交代の風が吹いているわけではまったくありません。

それは投票率を見れば明らかです。

野党が積極的に支持されて政権交代のうねりが起きているときには、投票率が上がるのです。09年の民主党への政権交代の選挙は、日本国中を熱狂させた小泉元首相の郵政解散総選挙のときよりも投票率が高かった。

大阪において維新が伸長し、一強の自民党を破っていく過程の選挙も、常に投票率が跳ね上がりました。

有権者が、野党を完全に後押ししてくれているのです。

その場合には政権「交代」となる。

しかし今回の補選の投票率は恐ろしいほど下がっている。補選だからということを考慮しても下がり過ぎです。これだけ政治とカネの問題で自民党が批判され、岸田政権が批判されているにもかかわらずです。

つまり自民党、岸田政権は嫌だけど、野党を積極的に支持するわけでもない、という有権者の意識がはっきりと出た補選でした。

この選挙の状況を受けて、ただちに「政権交代だ！」と叫ぶのは、完全に間違っています。

きちんと分析すれば、今は、自公を完全排除する政権交代ではなく、自公政権に変化を望む「政権変容」の風が吹いていると認識すべきなのです。

この風を読み間違うと、戦略も間違ってしまいます。

政権変容の風のときには与野党一騎打ちの構図がマスト

橋下　有権者の期待が野党にぐんぐん集まる政権交代の風のときには、野党候補者が乱立して無党派層の票が分散したとしても、強烈な野党票が与党票を上回る可能性が高いでしょう。

その際は、本選挙前の予備選は不要かもしれません。野党は好きなだけ候補者を擁立すればいい。

しかし政権「変容」のときは違います。

野党票の核となる無党派層の票が分散すると、最終的に与党が勝利する可能性が高くなる。積極的な野党票が存在しないのですから。

島根1区が典型例です。

与野党一騎打ちの構図になったからこそ、野党票、無党派層の票が分散せずに、立憲が勝てたのです。

今回の補選で立憲が勝ったから、じゃあ次の本選挙でも野党が勝てる！　なんていう短絡的な思考では、最後は野党が負けてしまいます。

政権変容の風をしっかりとつかまえるためには、小選挙区において与野党一騎打ちの構図、すなわち野党の候補者を一人だけにする戦略が必要不可欠なのです。

まず維新は、自党の勢力拡大をぐっとこらえ、日本の政治を変える第一歩を踏み出すために、有権者の政権変容の求めに応えるために、東京15区での候補者擁立を断念すべきです。

それが補選での有権者の判断と選挙結果を重視する、維新スピリッツの政治です。

大阪維新を立ち上げ、国政維新を結成したのも、大阪改革、そして大阪都構想を実現するためでした。特に大阪都構想については前例も法律も何もない中、いちから政治グループをつくり上げて、一つ一つの階段を上っていきました。

国政維新は離合集散を繰り返しましたが、当時はカネも組織も経験もありません。あのような離合集散を繰り返しながら、グループの核をつくり、そして東京のメディアに乗せる方法しかありませんでした。

僕が引退するときには、小さな大阪の国会議員集団になっていましたが、しかしあのような離合集散があったからこそ、今の維新国会議員幹部たちが国政でも活躍できるだけの力を蓄えることができたのだと自負しています。

今の国政維新の幹部たちは、大阪の地方議員出身者でありますが、初めからこのメンバーだけで国政政党をつくっていたら今のような勢力にはなっていなかったでしょう。離合集散の中で力を蓄えていったのだと思います。

維新が東京15区で候補者を取り下げれば地殻変動が始まる

橋下　ただ2015年の大阪都構想の住民投票に至る8年の経過すべてを実体験した国政維新の幹部は実は現在いないのです。

馬場さんも、井上さんも途中から入ってきたメンバーだし、維新オリジナルメンバーの浦野さんも途中で国会議員になってしまったので、大阪政治から離れてしまいました。ですから僕が、当初の維新が、どれだけ多数決、投票、ルールというものを重視していたかということにも、理解が少ないのかもしれません。

維新の国会議員はロシアによるウクライナ侵攻についても、「法の支配」というものを強調してロシアを非難します。中国にも法の支配を求めます。

法の支配とは、自分に不利なことであってもルール、結論に従うという理念です。そのような姿勢があるから、相手にも法の支配を要求できる。

自分が有利なときには従う、自分が不利なときには従わないというのであれば、相手も自分が有利なときにしか従わなくなり、法の支配は無力化します。

そして、法の支配の内実の一つである手続き的保障とは、十分に主張を尽くしたのであれば、最後の決定に従うというものです。

今回、東京15区、長崎3区で維新は全力を尽くして、有権者の投票によって負けたのです。そうであれば、次の本選挙に候補者を立てられないという不利益を甘受してでも、有権者の投票結果に従うべきです。

そのような姿勢があるから、相手にも法の支配を要求できるのです。

維新は東京15区での補選に負けたので、次の本選挙では東京15区には立候補者を出さない。立憲候補者を応援するわけではないが、しかし立憲が自民と戦うことを邪魔もしない。

自民党対立憲の一騎打ちの構図をつくるところまでは協力するが、あとは知らない。

これが政権変容を起こすための、最初の一手です。

そしてこのような姿勢を維新が立憲に示せば、立憲が法の支配や立憲主義ということを真に理解しているのであれば、立憲も然るべき対応をとらざるを得なくなる。すなわち、来るべき本選挙に向けて、与野党一騎打ちの構図をつくり上げよう、それが日本の政治を変えることになる、という大きな政治判断をくださざるを得ない。

ここで立憲の泉代表が、維新の立候補取り下げを受けるだけで、自分たちは何もしないというのであれば、これまた真の政治家ではありません。

事実上の野党間予備選挙となった今回の補選の結果を受けて、維新が東京15区の候補者擁立を止める。であれば立憲もその他の選挙区において、維新とぶつかっているところは、本選挙前に予備選をやって、候補者を一人に絞り込むプロセスに応じるべきです。

ここから野党間予備選挙が動き出します。

予備選挙のルールをつくり、それを実行する。

総務省が予備選挙が公職選挙法に抵触するという懸念を示しても、それを乗り越える制度を構築して実行する。

これこそ、野党の政権担当能力を国民に垣間見せる機会になります。

維新と立憲、馬場さんと泉さんが、本当に日本のことを考えているのであれば、政権変容のために予備選挙を実施し、本選挙においては与野党一騎打ちの構図をつくり出し、そして政権変容を求めている無党派層の強い風を一手に受ける。

これくらいの政治ができない者たちが国家の運営、政権運営などできるわけがないでしょう。

野党間予備選挙は、党をまたぐので党員投票はできません。だから世論調査を活用するのもいいし、全国のどこかで予備選に利用できる首長選挙があるなら、それを利用してもいい。

今は世論調査をやっても負けるので予備選はやりたくない。とにかく候補者を乱立させて比例票を漁り、小選挙区ではまったく勝てない比例議員を一人でも増やすことに必死になる。そういう姿勢はまさに保身、55年体制の万年野党と同じ戦略です。維新が最も嫌う政治でしょう。

ゆえに真の維新スピリッツを今の維新が持っているのなら、日本を大きく動かしていく一手、すなわち東京15区の候補者取り下げという、世間が驚くような手を繰り出し、立憲に突き付け、世に問うていくと思います。

維新国会議員に突き付けられているもの

それでもまだ、国政維新幹部が自党の勢力拡大にこだわるなら、他の維新の国会議員はどうすべきか？

維新にはまだ幹部には入っていないものの、大阪都構想の進め方、そこでの政治的なドンパチ、僕や松井さんのやり方を間近で見て体験し、最後の住民投票の顚末《てんまつ》まで同時体験した大阪の地方議員出身の国会議員が何人かいます。

彼らも、今や党勢拡大が第一目標なのかな？

補選で敗北したのに、もう一度候補者を出すのかな？

いま吹いている政権変容の風を受けに行かないのかな？

松井さんが維新の源流をつくったのは、大阪府議会議員2期目のときです。年齢45歳。2期目と言えば、議会ではまだ新人扱いされる期ですよ。

そんなときに、大阪を改革するため、政治的な筋を通すために、自民党を飛び出たんです。たった6名でね。

当時の自民党は大阪でも最強。その看板は絶大なる威力がありました。

しかし政治的信念と強烈な情熱で、その看板をかなぐり捨てて裸一貫で政治グループをつくり始めたんです。

それが維新の始まり。

維新国会議員に、そういう情熱野郎はもういませんかね。

松井さんのときと違って、国政維新を飛び出したとしても、今は吉村さん率いる大阪維新がしっかりとバックアップしてくれますよ。

力を尽くした補選で敗北した結果は、重く受け止めなければならない。

そして自党が野党第一党になる勢力拡大よりも、自民党政治を大きく変える政権変容に重心を置くべき。

そしてそれを実現するためには、その他あらゆることはかなぐり捨てて、目標達成のために全集中する。たとえ自分たちに不利になろうとも、日本のためにすべてを注入する。

であれば、補選で負けた東京15区では次の本選挙に候補者は出さずに、与野党一騎打ちの構図に持ち込み、政権変容を実現させる。

このことを立憲民主党に突き付けて、全国的に野党間予備選挙を実施する。

これらの方針を掲げて、維新内でド派手に権力闘争をする情熱若手野郎が出現することを期待しますね。

あの当時の燃え滾《たぎ》る松井さんたちのような若手を。

野党がバチバチにケンカすればマスコミも注目する

まあそれでもどうしても維新も立憲も自分たちの勢力拡大、保身にこだわり予備選挙ができないというなら、いよいよ本選挙に向けて、野党各陣営が候補者をどんどん立てていくんでしょう。

そして野党候補者が乱立する選挙区が増えてきて、世論調査でも野党支持率が上がらないとくれば、そのときにやっと主要野党は、野党候補者を一人に絞る必要性を感じるのではないでしょうか。絞らなければ自民党を利するだけになることをやっと感じるのではないか。

野党はみな尻に火がついてくるのではないか。

そのような、状況に追い込まれての判断では、政治家として情けないんですけどね。

政治家は状況に追い込まれるのではなく、状況をつくっていくのが本来の仕事です。

主要野党の国会議員たちが、仮にその追い込まれた状況すら感じられないなら、政権変容の風を感じることはできないだろうし、その風を受けることもできないでしょう。

ただしここで間違っても、野党間の「話し合い」で候補者を一人に絞ってはダメ。いわゆる国会議員同士の協議で候補者を決めるというのは、有権者が最も嫌う55年体制の密室政治です。

しかし今の野党国会議員は、野党協議で候補者を調整する方法しか頭にないようです。それが政治だと思っています。

これは完全に古い政治。無党派層が最も嫌う政治であることを野党は肝に銘じるべきです。

だからこそ、オープンの場で徹底的に潰し合う野党間予備選なんです。

政治家同士での協議ではなく、野党候補者、野党同士が激しく論戦して、最後は有権者がどの野党候補者がいいのか決めるプロセス。野党間の約束の下での世論調査などをうまく活用すれば、いくらでも有権者による決定はできます。

このような予備選で勝利した者が、次の本選挙に立候補する。予備選で負けた者は絶対に立候補しない。

予備選に負けた側はぐっとこらえて、本選挙における与野党一騎打ち構図をつくり出し、自公過半数割れによる政権変容に備える。

そして予備選は表立ってバチバチと火花が散るくらい派手にやったほうがいい。各地域でいろんな武将が「我こそは！」と立ち上がった戦国時代のようにね。

一見、カオス。この先どうなるか分からない。ひょっとしたらひょっとして、自公過半数割れになるのでは？「政権交代」が実現するのでは？そうした政治のダイナミズムが眼前で繰り広げられれば、マスコミも有権者も絶対に注目します。

世の中、やはりケンカや対立には関心が高くなるんですよね。

普段、国会内や永田町での記者会見や記者との飲みニケーションしか発信手段を持たない野党国会議員たちは、予備選で野党同士が激突したときのメディアの取り上げ方を想像できないかもしれません。

それでも今回の補選で分かったとおり、野党同士が激突すれば、普段なかなか取り上げられない野党の主張について、かなりメディアが食いつくんです。

野党同士のぶつかり合いが激しさを増せば増すほどね。

このような予備選の効果も、主要野党やその党首たちに認識してもらいたい。

とにかく野党国会議員たちは、この際、「保身」の二文字を捨て去るべきです。予備選で自らも「落ちる」リスクを背負って初めて、本選挙で自民党議員たちに「落ちる」可能性を突き付けられる。

比例票を漁って比例議員を増やすという、真剣で戦うふりをして実は木刀を振り回しているような戦い方では、有権者も本気になって応援してくれません。

火花散るガチンコの予備選挙が、変化がないと有権者に諦められている日本の政治に、いま一番必要なのではないでしょうか。

第八章
「政権変容」にふさわしいリーダーは誰か

橋下徹の大胆すぎる提案
「野党こそ石破茂を口説け！」
その意味するところは？

「政治とカネ」にやましくないリーダーを探せ

――引き続き、「政権変容」の具体的なステップを見ていきましょう。「野党は一つにまとまる必要はない」、そう橋下さんはおっしゃいますが、実際には、バラバラな意見を持つ野党を束ねるためのリーダー的存在が、やはり必要なのでは？

橋下　う〜ん、それは難しいんじゃないかな。現在の野党各党の状態を見る限り、どこかの野党からリーダーを出そうとしても、絶対に反対の声が噴出すると思う。かえってまとまらなくなってしまうんじゃないかな。

そもそも政界は、「俺をリーダーにしてくれ」なんて声が、素直に通る世界ではありませんからね（笑）。妬みとやっかみ、足の引っ張り合いの世界ですから。

「俺を！」と必死になって自薦するより、まずは地方の選挙で首長を獲って政策実行の実績を示し、他薦を目指すのが順当だと思いますよ。

かなり遠回りのように見えますが、そうすることでしか、次のリーダーは生まれないんじゃないかと思います。

——では現状の自民党、野党の枠を取っ払って考えたとき、どういった人物像なら、次の日本の政治リーダーにふさわしいと思いますか。どんな人物なら、国民は納得するでしょう。

橋下　これまでのおさらいになりますけど、やはり今の政治不信は、ひたすら「政治とカネ」問題に尽きるわけです。この問題を真正面から受け止め、自分が不利益を被っても改革を行える人物、国民から強く発せられる政治不信の風を受け止めるために大きく帆を張れる人物でないと、国民は納得しませんよね。

与党でも野党でも、なんとなく耳に心地いい言葉で「改革します！」と宣言する人は多いけど、なんとなく改革したかのような雰囲気を出すだけでは、国民はもうだまされません。そうして考えると、自民党の悪しき慣習を徹底的に突き崩し、かつ自分たちの身の潔白をしっかり証明し、もし正すところがあれば、率先してカネの流れを可視化・改善する案を出していまできることは直ちに実行する人物でないとダメでしょう。

今は天下国家を論じている場合ではありません。それ以前の問題ですから。仮に与党の政策全般に対して国民が「ＮＯ」を突き付けているならば、野党は、与党に代わる新しい国家ビジョンや政策を描かなくてはならないけれど、そうではない。

国民は与党の政策ではなく、与党政治家たちの態度振る舞い、特にカネの扱い方がどうしようもなく気に食わないんです。

その意味では、自民党からカネの扱いの透明化を徹底的にはかる人物が出てくれば、自民党は復活するかもしれませんよね。「旧態依然とした自民党体質を根本から変える！」と宣言し、実際に断行できそうな人物が現れれば、有権者は必ずしも「政権交代」を選ばないでしょう。

自民党にしても、ここまで政権維持が危うくなってくると、そういう改革派の人物を自民党の顔として、「改革を断行できる党」という印象を内外に示すかもしれません。自民党はしたたかですから（笑）。

――たとえば、頭に思い浮かぶ政治家として、誰がいますか。

橋下　正直ここは分からないところですが、ほかの政策は横に置いたとして、政治とカネの問題に限って言えば、そこに切り込んでくれるイメージがまだあるのはたとえば石破茂さんとか、あとは有権者から人気のある河野太郎さん、小泉進次郎さんとか。

もちろん彼らの政策や主張を吟味したわけではありませんし、それぞれの政治資金の流れも細かく把握していませんから、あくまでパッと頭に思い浮かぶまま列挙しましたが……。

野党には思い付く人はいませんね。

ここは細かく吟味するというよりも、国民全体に人気がある人を据えて、無党派層の票も取っていける人がリーダーに向いているんでしょう。

さらに僕は、ここに挙げたような知名度も経験もある政治家よりも、若手政治家の台頭に期待したいところです。昭和時代の政治の方法論を体験していない、まっさらな気持ちで政治を目指す若者たちが、もっとどんどん増えてほしい。

いきなりリーダーになるのは困難かもしれませんが、それでも世界では国家のリーダーとして30代、40代の人物がどんどん出てきています。

若手議員は経験がないと言われるけれど、経験はしてみないと積み重なっていきません。「経験が浅いから」と、重鎮たちがずっと政治の表舞台にふんぞり返っていては、いつまでたっても若手は経験が積めないままです。

そして「経験」と言えば聞こえはいいけれど、それは「慣例に染まる」ことでもあるわけです。「先輩たちがやってきたことを見て、同じようにする」のが「経験」だとしたら、まさに今、その政治家とカネの「経験」の部分がどうしようもなく行き詰まっているわけだから、ここは永田町の「経験」や「慣習」に染まっていない若手に、日本の未来の政治を担ってもらいたい。

だから僕は政治家にはきっちりと任期を設けて、どんどん世代交代していくシステムを構築したかった。実際、大阪維新で僕は範を示したつもりです。早々と引退して無責任だと言う人もいますが、後を継いだ吉村知事や横山市長は立派にやっているじゃないですか。

僕らは若手や現役が困っているときや、これはまずいんじゃないの？　というときに、助言やサポートをする役割だと考えています。実際、第五章と第七章ではかなり踏み込んで、維新への苦言を呈しています（笑）。

もしベテランがそのまま政治家として残るのであれば、それこそ自らは黒子、裏方に回って若手をしっかりと支えればいいじゃないですか。若手のエネルギーとベテランの知恵と経験が合わさることによって、停滞した政治を大きく動かす原動力になるのだと思います。

今の日本の政治に国民が魅力を感じないのは、若手のエネルギーが注入されていないという一点に尽きると思う。

魅力的な「総理候補」を立てる

――今の政治不信は、1993年の「政権交代」時に似ていることを見てきました。考えてみればあのときも、永田町本流の風というより、地方から若い新しい風が吹いてきたものです。

あのときに政界デビューした人も大勢います。自民党の茂木敏充さん（初当選時は日本新党所属）や、民主党政権時の首相、野田佳彦さんや官房長官を務めた枝野幸男さん、前原誠司さんも同じ93年組でした。東京都知事の小池百合子さんも彼らと同時期に政界に飛び込んでいます。

日本の政治を根本から変えたいと、全国から若いエネルギーが集結して、政治が少しは前進した。ところがそうした若いエネルギーも、いずれ既得権益化していきます。

その意味では、再び若い政治家たちが世に出てくるターンなのかもしれません。93年の政権交代からちょうど30年が経ちました。既存政治のあちこちが疲弊して、ガタが来ています。もう一度、政治の世界にガラガラポンが起きてほしい。これが国民の願いです。

橋下　そうですね。当時はエネルギーに溢れキラキラ輝いていたであろう93年組も、もうベテランです。国民の期待感を沸き立たせるような年代や顔つきではないですよね（笑）。

もちろん僕もそうです。

そりゃ、年寄りがみんな悪いとは言いませんよ。ベテランにはやはり経験を重ねた知恵とノウハウがある。だからベテランは裏方に回って若手にノウハウを提供してあげればいいんですよ。

やはり人間、同じ組織、同じ慣習の中に何十年もいると、自然と感覚は麻痺してきますからね。政治の中枢から外れたからこそ、見えてくる政治のおかしな点はたくさんあるはず。

永田町の常識は世間の非常識、政治の慣習はビジネス界ではとっくに悪弊になっていたりする。若者が外の世界から永田町を眺めると、「これはおかしい！」ということってたくさんあると思います。

――そうした「政界の常識」を、どこよりも保ち、強化してきたのが「派閥」だとすれば、派閥に属してこなかった亜流こそが、今となっては力を持つ可能性もあります。

橋下　まあ石破さんもかつては派閥を持ち、河野さんも麻生派に属していますが、なんとなく永田町での人間関係をうまくやっているようには見えません。

僕も政治家としての人間関係の構築はからっきしダメで、そこは松井一郎さんにすべて委ねていました。小泉進次郎さんもかつてはそんな雰囲気でしたが、今は人間関係構築に努力しているような気がします。

結局、議院内閣制の国政においては、国会議員の支持を得なければリーダーになれないので、いやでも国会議員同士の人間関係を構築せざるを得ないのが可哀そうなところですね。知事、市長などの首長は、最後は有権者から直接の支持があれば何とかなりますから。

このように永田町での人間関係をうまくやっていない人が、結構国民から人気が出るんですよね。まさに国民が永田町の臭いを嫌がっている証です。

石破さんとはテレビ番組などでご一緒する機会があり、しかもバチバチの報道番組だけでなく、お酒を飲みながら語る番組でもよくお話をしました。

石破さんの政治資金の扱いについていくつか突っ込んだ質問をさせていただきましたけ

ど、透明化はしっかりされているようでした。政治には一定おカネがかかるので、企業・団体献金が必要だという意見には賛同できませんでしたけどね。

永田町の国会議員の世界で人間関係をしっかり構築しないということは、仲間を増やすためにおカネを使わないということを意味します。そうなるとおカネの流れはきれいに透明化できるのですが、反対に人が寄ってこない。

また石破さんは派閥のボスになったときにも、仲間に重要ポストを回すことに力を割かなかったようです。「だから俺は嫌われるんだ」とご自身もおっしゃっていましたけど。カネも渡さない、ポストも回さないとなれば、カネとポストがモノを言う永田町の世界では嫌われますよね。

この点、政治の世界における僕の嫌われ方と、石破さんの嫌われ方はちょっと似ているかもしれません（笑）。義理人情や、カネや飲食を通じての信頼関係にはこだわらず、論理と理屈でゴリゴリの政治をやるから、今の政治の世界では仲間が増えない。

カネやポストの分配を拒否するというのは、国民全体から拍手喝采を受けても、政治の世界では嫌われることなんです。

――派閥に属していない、不透明なカネの授受に関与していない経歴は、古い政治においては弱点だったけど、今後はそれが「カネにクリーン」である証明になり、強みになる。

橋下　日本の政界の約三割は、いわゆる「二世・三世議員」です。父親や祖父、親戚の地盤を受け継ぎ、選挙に出馬していく彼ら彼女らは、「あの政治家の息子（娘、孫）なら信用できるだろう」と恵まれた条件を享受して政治家人生をスタートさせていきます。

そうしたなかで、確かに石破さんも二世議員ではありますが、石破さんに聞いたところ、石破さんは親から政治資金を引き継いでいないらしいです。ここは二世議員であったとしても評価されるところですね。

もちろん二世、三世議員でなければ政治資金の引き継ぎなどないことが当然のことなので、他の政治家と比べて取り立てて評価するほどのことではないですけどね。

大胆提案！　野党こそ石破さんを口説け

――たしかに石破さんの存在感は今、再び上がってきています。自民党の動きを過去数十年間見ていると、こういうふうに自分たちの分の悪いときには、一気に石破さんを担ぐという手を打ってくる可能性があります。

橋下　野党に転落した自民党が、社会党の村山さんを担いで総理にすることで政権を再び獲り返したという過去がありますからね。危機の局面でのなりふり構わないさま、老獪さは、あなどれないところです。

――もっとも今の自民党に、そうした柔軟性、したたかさがあるかどうか。かつての自民党なら、この難局を乗り切るために、どれほど嫌っていても、一度は石破さんを担いで選挙に勝つといった思い切った策を実践したかもしれませんが、現在の自民党はどうでしょう。

橋下　だから、もしここで野党がしたたかさを持つならば、野党こそ石破さん「のような」人を口説かなくてはならないんですよ。政策や考え方に多少違いがあったとしても、今の段階で国民全体に人気がある人をね。

――野党が、自民党の石破さんを口説く……とは？

橋下　つまりかつての自民党は、一度「政権交代」で下野した後、起死回生の手段として長年のライバルだった社会党と手を組みましたよね。自民党総裁の河野洋平さんが打診して、新党さきがけ、社会党、自民党による共同政権構想が合意に至りました。

しかも自民党は、社会党のトップである村山富市さんを、内閣総理大臣に押し上げました。これはもう見事な奇策で、１９５５年の自由民主党結党以来、自民党に籍を置いたことのない人物が、自民党政権の内閣総理大臣に就任したのは初めてのことでした。

このように他党のトップを、自分たちのリーダーにするようなしたたかさや大胆な政治を今の野党ができるかどうか。たとえば立憲民主党が、自民の石破さんを迎えて自民党と勝負する……なんてダイナミックな戦い方があってもいいくらいだと思うんですよね。

まあ石破さんが受ける可能性は著しく低いでしょうが、それくらいのダイナミックさ、寛容さ、したたかさ、懐の深さが野党には必要だということです。

もちろん僕にはまったくない要素ですよ（笑）。

この際、「支持者への裏切りだ！」とか、「思想が異なる！」「政策の一致がない！」なんて青臭いことを言っていないで、ここはひとつ「これまでの自民党政治を変えるために」「将来的な政権交代を日本で実現するために」という大きな志で、これくらいの奇策をぶつダイナミックさがあってもいいのではないでしょうか。

寛容さは僕にはないと言いましたが、大阪の政治行政や大阪都構想に向かう過程においてはそりゃ、寛容、奇策、老獪、したたかの連続でしたよ。かなりダイナミックな政治をやったからこそ強烈な支持が広がったんだと思います。すべて松井さん主導で進めて僕は「了解」と言うだけでしたけどね。

うまくいかなかった国政維新の離合集散は僕主導ですが、ただそれは先に話しましたが、今の維新のように莫大なおカネや経験がないなかで、大阪都構想を実現させるために必要な組織マネジメントだったと自負しています。

野党が総理大臣を選ぶ「ウルトラC」

――ここで質問なのですが、仮に野党が「石破さんをリーダーに据える」と決めた場合、現実的にはどういう手法をイメージされているんですか。

立憲民主党なり、維新なりが彼を党首に据えるというイメージですか。それとも野党が一致団結して野党連合となり、その盟主として彼を据えるイメージですか。

橋下　そのどちらでもありません。なぜなら、そのどちらも現時点では非現実的だから。それぞれの政党には代表がいますし、野党の一致団結も難しい。

だから野党間予備選挙および本選挙（衆議院総選挙）前には、野党は自公を過半数割れに追い込んだ後の首相に誰を据えるかなど示さなくてもいいと思います。とにかくまずは自公過半数割れを目指して、野党間予備選挙を行い、各選挙区の野党の候補者を一人に絞り、本選挙である衆議院総選挙で自公過半数割れを実現することだけを考えればいい。

――そうなると、どの段階で石破さんの名前が出てくるのですか。そもそも石破さんが自民党を離れ、野党に移るという可能性は乏しいはず。彼の意思もあることですし。

橋下　もちろん。石破さんは今のままでいいんです。野党に移る必要もありません。自民党の中で、ご自身の職務を全うされているだけでいいんです。

――石破さんは自民党を離党する必要がない？　自民党に在籍したままで、野党（連合）と連携する存在になるとは、どういうからくりで？

橋下　これまでの政治に対する固定観念を全部取っ払って考えてもらいたいのですが、自民党総裁と内閣総理大臣とは別のポジションですよね。

これまでは自民党のトップである総裁が内閣総理大臣になっていたので、両者は同一のポジションのように思われていますが、本来は別のポジションです。

自民党総裁は、自民党の政治家や自民党員によって選ばれる自民党のトップです。

他方、日本の「内閣総理大臣」は、「与野党含めた」国会議員のなかから国会の議決（内閣総理大臣指名選挙）によって指名される日本政府のトップです。

ただ、これまでは国会の過半数を与党議員が占めていたから、自然の流れで自民党トップである自民党総裁がそのまま国会の多数決で内閣総理大臣に選ばれてきただけです。

ですから国会内での第一党のトップが内閣総理大臣であらねばならない理由はありません。前述の94年の村山内閣も、国会内第一党の自民党総裁は河野洋平さんでしたが、内閣総理大臣は少数党である社会党の委員長の村山さんになりました。それは各国会議員たちが示し合わせて、村山さんに内閣総理大臣の指名票を入れたからです。

だとすれば、今度の衆議院総選挙で自公が過半数割れに追い込まれた場合、自民党総裁を内閣総理大臣に指名しようという国会での票も過半数を取れないことになります。そのときに野党の多勢が、石破さんに票を入れる行動を起こしたら、どうなるか。

自民党公明党が過半数を制していた場合には、自民党の多勢の支持を得なければ総理大臣になれなかったのが、自公が過半数割れに陥ると、自民党の一部と野党の多勢が結託すれば石破総理大臣の誕生も可能なのです。

自民党総裁の総理大臣ではなく、自民党の一議員の石破総理です。

まあ今は勝手に石破さんの名前を出しましたが、ここは石破さんでなくても、自民党と野党の多勢が協議して、新しい政治をやってくれる人を、自民党総裁にこだわらず総理に選出したらいいのです。

こうなるとこれまでの自民党の流儀での飲み食い、贈答品のやり取り、ポストの回し合いがモノを言う人間関係によって総裁・総理が誕生していた状況から抜け出して、野党の主張も飲み込んで新しい政治をやってくれる資質が重視される総理の誕生が期待できます。

ただここで野党が自民党と同じく飲みニケーションを重視する政治をやっていたら、結局これまでの自民党と同じような総理の誕生になってしまいますけどね。
つまり自公過半数割れになれば、真に新しい政治ができるかどうか、野党の力量こそが試されるのです。

——なるほど、ようやく理解できました……が、これは極めて型破りな、ウルトラCのアイデアですね。

石破さんはこれまで通り自民党から出馬し、当選を目指すと。現状、自民党内部において石破さんが総裁になるほどの仲間がいない。だから総理になることは難しい。だけど野党が、彼を総理にさせてしまう道もある。石破さんはそのまま自民党に在籍しながら総裁になれずとも総理になって、しかも自分を総理に押し上げてくれた野党と協議することによって、国政を思う存分変えてくれればいいのですね。
こうなればこれまでの自民党政治が変わったという変化を国民が体感できます。まさに政権交代ではなく政権変容です。

橋下　そういうことです。総選挙後、みごと自公過半数割れを実現したとしても、問題はその後です。自公を過半数割れにしても自分たちも過半数を制することができない各野党は、それぞれが、多数派である自民党と政策ごとに交渉を重ねていかなくてはなりません。

その交渉相手は、「話の通じる」相手でなくてはならない。因習にとらわれず、活発な議論のできる相手、義理人情ではなく論理的で建設的な意見を交わせる相手です。

国会議員の義理人情の人間関係は原則は自党内のこと、もっと言えば派閥内のことです。与野党の枠を超えて真の義理人情の人間関係を築いている人などまずいないので、そうであれば初めから義理人情の政治を捨てて論理の政治を追求するしかありませんからね。

そうであればむしろ、これまで自民党内で嫌われていた、ないしは仲間が少なかった国会議員のほうが、野党と協議に応じる姿勢は真摯なものになるでしょう。

それともう一つは、与野党の枠組みを超える政治をやるならば、やっぱり国民全体から人気がある人物でなければトップは務まりません。というのも自公が過半数割れを起こしたということは、もはや与党の国会議員からの人気だけでは対処できないからです。こうなると国民全体から支持を受けている人でなければ、野党と協議しながら物事を進めていくことはできません。

これに加えて現実の政治をやった者の視点で言えば、野党にとっては自民党内で政治的基盤が弱い人のほうがいい。自民党内での支持が弱ければ、必然野党を頼らざるを得なくなるからです。

これはある種の大統領的な性質、知事、市長と同じような性質となりますね。

その一例が、石破さんのような存在ということです。

石破さんに対してはいわゆる「保守派」からは強烈な批判がありますが、国民全体から見るとこの「保守派」の意見は多数派ではありません。このような人たちの意見だけに左右されない国民全体の考えに沿う総理の誕生こそが、今の日本に求められます。

もちろん石破さんだけでなく、河野さん、小泉さんなども候補者でしょう。次の首相にしたいランキング調査で上位を占める常連ですからね。

——いろんな人がいろんな「政権交代」のシナリオを語りますが、橋下さんが提唱するのは完全な新説です。奇策ではあるけれど、決してありえないことではない。有権者にとっても、これほどダイナミックな「政権変容」が目の前で起これば、政治に対する関心も高まります。

衆議院の役割はたくさんありますが、実は最大の役割は「総理大臣を決める」ことです。国民の願いを背負い、自らの一票で日本国の首相を決める仕事は、与党にも野党にも等しい権利です。

橋下　問題は、野党各党の「自分たちの議員を一人でも多く当選させたい、自分たちが野党第一党になりたい」というエゴをどう収められるかですね。どこの党も自分たちの勢力を拡大し、永田町ではいい恰好をし、おカネも集めたいと思うでしょう。最後は自分たちの党の代表を内閣総理大臣に据えたいと夢を描いているでしょう。そんななか、予備選挙での敗北を受け入れて本選挙では立候補の権利を放棄できるか、自公を過半数割れに追い込んだ後、自民党から総理を選ぶという勇気を持てるか。

自己の栄誉や自己顕示欲を封じて、どこまで政治の変革、自分たちの政策実現に対する熱量を持てるか。

このことが政権変容の決め手となり、その後の政権交代への試金石となるのです。

改革は100%でなくても、一歩でも二歩でも前進すればいい

――「政権変容」の課題は二つあることが見えてきました。一つ目は、野党が自らのエゴを捨て、「野党間予備選挙」を通じて、本選挙の野党候補者を一本化できるかどうか。

二つ目は、自公過半数割れを実現させたのち、これまた野党が自分たちのエゴを捨てて、自分たちが協議しやすい内閣総理大臣を選び取れるか否か。

結局、課題は自民党というよりも、野党の覚悟次第であることが見えてきましたね。

「政権変容」は仮に実現しても、打ち上げ花火のように一瞬で消えてしまってはダメ。目指すは一時の「政権変容」ではなく、政権交代につながるような政治の変化です。将来的には「政権交代が繰り返される政治」です。先の93年の政権交代は1年未満、09年の政権交代は3年で、野党の試みは潰《つい》えました。再び与党に返り咲いた自民党は、失敗を糧に、一層盤石な体制を整えてきたのです。

それと同じ轍《てつ》をこれから先の「政権変容」後、踏んではいけないわけです。

橋下　おっしゃる通りです。ただ、何事も100点満点の改革なんて存在しないと僕は思っています。結果的に短期政権に終わってしまった細川護熙さんも「政権は長さを競うものではなく、何を行うかが大事」という政治信条をお持ちでした。その通りだと思います。

僕自身は、日本に二大政党政治が根付いてほしいと願っているし、ある程度の期間で、適切に政権政党が変わっていく政治が本来の民主主義のあるべき姿だと思っています。

自民党だって、政策が決定的に悪かったり、日本国民を良くない方向に意図的に導いたりしているとは思っていません。ただ、政権についている期間が長すぎると、どうしても癒着や腐敗が起こってくる。だから政権を担うメンバーは入れ替えていかなくてはならないんです。今までは自民党内での入れ替え、つまり自民党内政権交代だったのを、今後は政党をまたいだメンバーの入れ替えを目指していかなければなりません。

細川政権は、不完全とはいえ「政権交代」を理論上できる仕組みを整え、政治資金規正法の改正も実現しました。次の民主党政権だって、「悪夢」にたとえられようと、それなりに存在意義はありました。あの時期に下野した自民党は、民主党が掲げる業界団体に属さない一般の国民向けの政策を目の当たりにして、自分たちもそれを取り込む軌道修正を試みたのです。

改革は100点満点でなくていいんです。一歩でも二歩でも現状よりも前進すればいい。もう一つ、政治は机上の空論では動きません。人間はやはり実体験によって認識が強くなり、共感が広がっていく。デジタルの時代にあってもやはり身体性が重要なんです。野党の政策を有権者が実感することで、初めて野党への支持の気持ちが生まれる。そして野党自身も政策を実行してみて、初めて自分たちの考えや行動を軌道修正することができる。

これらのことは自公過半数が維持された上での野党第一党ではいつまで経っても実現できません。自公過半数割れにならないと実現できないのです。野党第一党など、政治家人生においてしょうもない目標だと気づく必要がありますね。

さらに有権者のほうも、「野党は信用ならん」ばかりではなく、野党に一度挑戦させてみる度量の大きさを持つことが政権変容のために必要です。

終章 橋下徹「政界復帰」の可能性

既存政党の悪しき慣習を
忖度なしにぶっ壊してほしい!
そんな有権者の欲求に応える可能性は……。

「橋下総理」はありやなしや

――最後に一つ、質問です。これまで何人かの次世代リーダー候補の実名が出ました。そこで尋ねたいのは、橋下徹自身の再登場はあるかないか、ということです。

おそらく「橋下徹」という人物に対する評価は、世の中で大きく分かれています。その実行力を絶賛する人間もいれば、嫌っている人間もいるでしょう。それでも口先だけでなく、実際に行動に移してきたその実力は、誰もが認めざるをえない。

大阪維新の会を率いて、大阪という大都市で自民党から与党の座を奪い、政権交代を果たした実績もある。ぶっちゃけた話、もう一度政治家に戻り、政権変容、政権交代を成し遂げる！　そんなおつもりはありませんか。

橋下　いやいやいやいや（笑）。ぼくはもう政治家を引退しましたから。あくまで元政治家の民間人、コメンテーターとして、新しいリーダーを応援していきたいと思います。

——そうは言っても、政権交代はもちろん、政権変容も一筋縄ではいきません。非常に言葉は悪いですが、「毒をもって毒を制す」という手法もある。橋下さんを毒呼ばわりするつもりはありませんが、橋下さんが最初に政界に現れたときのエネルギーはすさまじいものがありました。

なんだかわからない茶髪の若者が出てきて、謙虚さの欠片《かけら》もないけれど、大阪の腐りきった政治をぶっ壊す！　とぶち上げ、実際に大きな改革を次々に成し遂げてしまった。ファンもアンチも含めて、その行動力は万人の知るところです。

今の野党に一番足りないのは「突破力」です。現状を大きく打ち破る、忖度を一切せずに、風穴を開けるパワーが足りない。政権与党の悪しき慣習をぶっ壊してほしいという有権者の欲求にこたえ、「政権変容」の一点突破の期間限定で、もう一度政界に戻るという野心はありませんか。

橋下　正直、僕が今40歳なら、そうした可能性もあったかもしれません。でも、もう55歳。政治ってものすごいエネルギーがいるんですよ。それこそ自分自身の身だけでなく、家族のこともあります。

僕は政治家として、自分のできることを2万%（笑）の力を出し切ってやり遂げたつもりです。大阪都構想を巡る住民投票で賛成可決となれば、次は堺市長選挙に立候補するつもりでしたが、反対否決となったことで区切りはつきました。

民主国家の政治家は、有権者の投票でその政治生命の有無を決められるものです。僕の政治生命はもう終わりと、２０１５年5月17日の住民投票で決定されたのです。悔いも未練もありません。

政治に限らず、人間には、時代に求められる役割があると思うんです。僕はあの頃の大阪だったから、望まれる部分もあったし、やるべき役割もあった。硬直化した大阪の政治を何とかしたいと熱望する仲間たちもいました。ある時代にある人物が登場するには、その人間を切望する個人の意思を超えた大勢のエネルギーが必要なんです。

ちょっとスピリチュアルですが、まさに天命と言いますか。

加えて「維新の会」がしぶとく生き残り、ここまで成長してこられたのは、「トップが期間を決め、強制的に替わっていく」仕組みをつくったからです。党内政権交代、まあ言ってみればこれも維新内での政権変容というものですね。

まさに、日本の政治に「政権交代」「政権変容」が必要なのも、「同じメンバーが無期限でい続けること」の弊害があるからです。

だから僕は最初から、政治家をやるのは最長12年間と決めていました。

その時代時代で、求められるリーダー像も変わっていきます。僕は維新の誕生時に、トップリーダーの役割を担いました。既存勢力を破り、新しい政治を定着させるには、多少の無茶や強引さも必要です。

でも、当時の僕のスタイルで今、維新の政治をやろうとしても、きっとうまくはいかないでしょう。僕に創業期のリーダーとしての役割があったように、松井一郎さんには勃興期のリーダーの役割があった。そして今は馬場伸幸さんが日本維新の会代表として、吉村洋文さんが大阪府知事として、横山英幸さんが大阪市長として、維新の会の新たなステージを引っ張ってくれている。

それぞれ時代やステージごとに、求められる人物の能力や資質は違うんです。

「世の中を良くする」仕事を他人任せにしてはいけない

――そうですか、たとえば1年間と期間を決め、暫定的な「政治刷新危機管理内閣」をぶち上げるというアイデアでも？　与野党含めて、カネにクリーンな人だけが集まって、政治のカネ回りをきっちり透明化する仕組みをつくる。それが実現したら解散して、もう一度本題の総選挙に挑む。

その中心バッターに橋下さんが名乗りをあげると、「任せてみよう」と言う人も多いんじゃないですかね。


橋下　いやいや、だから僕は出ませんよ、しつこいなー（笑）。

政治家としての僕のターンはもう終わったんです。今後は元気な30代、40代のエネルギッシュな人たちに次の時代の政治を託したい。その代わり、全力で後方から応援します。

日本は国民主権の国です。今後は国民が、有権者が、そういう人材を見つけて応援していかなくてはなりませんね。救世主をただ待つのではなく、自分たちで政治家を育てていくのが国民主権です。それは最後は、選挙で育てるしかないんですよね。

有権者一人一人が、自分事として責任を持ち、政治に関わってほしい。

この点を若い有権者に認識してほしいですね。

どうも選挙なんて意味がないと思っている節がある。まあ僕もこんなに偉そうに言っていますが、政治をやってみて今になって選挙の重要さに気づいただけで、若いころは選挙に行っていませんでした。

だからこそ選挙の重要さを若い人たちに伝えたい。

「あなたの一票で世の中が変わる」的なきれいごとではなく、「あなたの一票では世の中は変わらない」「だけどまとまった票があるところに政治家は目を向ける」「棄権すればその時点で政治家はあなたのほうには絶対に目を向けない」というリアルな感じでね。

どんな世界でも、あらゆることに対応できる万能なリーダーなど存在しません。我々国民の側も、そんな万能リーダーを求めてはいけないんだと思います。そして、「世の中を良くする」仕事を他人任せにしてはいけない、ということ。

現在の政治の腐敗や政治不信について、僕も含めていろんな人があーだこーだとしたり顔でコメントしていますが、そういう人の中でまだ政治をやったことのない人は、一度本気で政治家になってみたらいいと思う。

これは嫌味でもなんでもなくて、やってみて初めて、いろんな課題にぶつかり、政治の大変さが分かるんです。そういう経験をすれば再びコメンテーターや学者などに戻って政治を評論するにしても、単なる文句、実現不可能な理想論をぶつけるだけに終わることは少なくなるでしょう。もっと建設的な提案ができると思います。

と同時に、自分の努力によって、世の中がほんの少しだけでも良くなる実感を味わえるのは、コメンテーターや学者とは決定的に異なる政治家ならではの醍醐味です。

みんなが一人一人、「政治」を運営していく意識を持てば、この国はまだまだ良くなる可能性を秘めていると僕は確信しています。

あとがき

いま日本の国民が一番求めているのは、「政治に希望が持てる国にしたい」ということです。政治家も人間ですから、誤ったこともするし、感情的になることもあるでしょう。でも、政治家が国民のほうを向いて、真摯に仕事をしてくれていれば、僕らはきちんとエールを送ります。

それが今、まったく明後日のほうを向き、自分たちの保身にばかり走っているように見えるから、国民は怒り心頭なんです。

「政治」は畑と同じです。そこで育てた果実を食べ、国民は健康な体や安心安全な生活を維持することができる。政治家はそうした畑を耕す役割を持っている。

でも、それがいつの間にか、鍬《くわ》をほっぽらかして、いま実っている果実だけを国民そっちのけで真っ先に味わっている。

ならば畑をしっかりと耕すメンバーに入れ替える必要があります。このまま畑を放置すれば、果実の成る木が腐っていき、最後は果実を得ることがまったくできなくなります。土もカチカチになり、慌てて新たな苗木を植えても豊かな果実は実らない。

まずはまっとうな「政治」を営める土壌にするために、「政権変容」を起こす。政治における乱れたカネの流れを正し、政治家が国民の果実を食べ放題している現状を変える。

いま国民の間では、政治とカネの問題を何とかしてくれ！　政治家の特権をなくしてくれ！　というマグマが爆発し、風が吹き始めています。ところが自民党は改革に腰が重い。

ここで野党が口先だけでなく、自民党と合意が得られなくても法律がなくても今すぐに自分たちでできることを実行して、野党の中でのカネの流れをフルオープン化し政治家の特権を「これでもか、これでもか」と廃止することを実践すれば、吹き始めている風は強烈な政権変容の突風に変わるでしょう。

あとは野党各党がこのワンチャンスの突風をつかまえることができるか。

そのすべてが政権変容のための、野党間予備選挙の実践にかかっています。

政権交代ではなく政権変容。

政権変容なんて言葉は、今は僕以外に発していないでしょう。

僕はもう政治家になることはありませんが、大阪の現状をなんとか変えたいと思って20

08年に大阪府知事に立候補したときと同じ熱量で、この「政権変容」という言葉を発し続けていきたいと思います。

日本の政治が少しでもいい方向に変わることを願って。

2024年7月

橋下徹

橋下 徹

1969年東京都生まれ。大阪府立北野高等学校、早稲田大学政治経済学部卒業。1998年、橋下綜合法律事務所を開設。2003年「行列のできる法律相談所」にレギュラー出演開始。2008年、38歳で大阪府知事、2011年に大阪市長に就任。実現不可能と言われた大阪都構想住民投票の実施や、行政組織・財政改革などを行う。2015年、大阪市長を任期満了で退任。現在はテレビ番組出演や講演、執筆など、多方面で活動している。

講談社+α《プラスアルファ》新書 879-1 C

政《せい》権《けん》変《へん》容《よう》論《ろん》

橋下《はしもと》 徹《とおる》

2024年7月19日第1刷発行

発行者——森田浩章

発行所——株式会社 講談社

東京都文京区音羽2-12-21 〒112-8001

電話 編集(03)5395-3522

販売(03)5395-4415

業務(03)5395-3615

デザイン——鈴木成一デザイン室

編集協力——三浦愛美

カバー印刷——共同印刷株式会社

印刷——株式会社新藤慶昌堂

製本——株式会社国宝社

KODANSHA

Printed in Japan

ISBN978-4-06-536685-1